Yumiko Alexander

Raffinierte HÄKEL MODE

18 VON DER NATUR INSPIRIERTE DESIGNS

stiebner

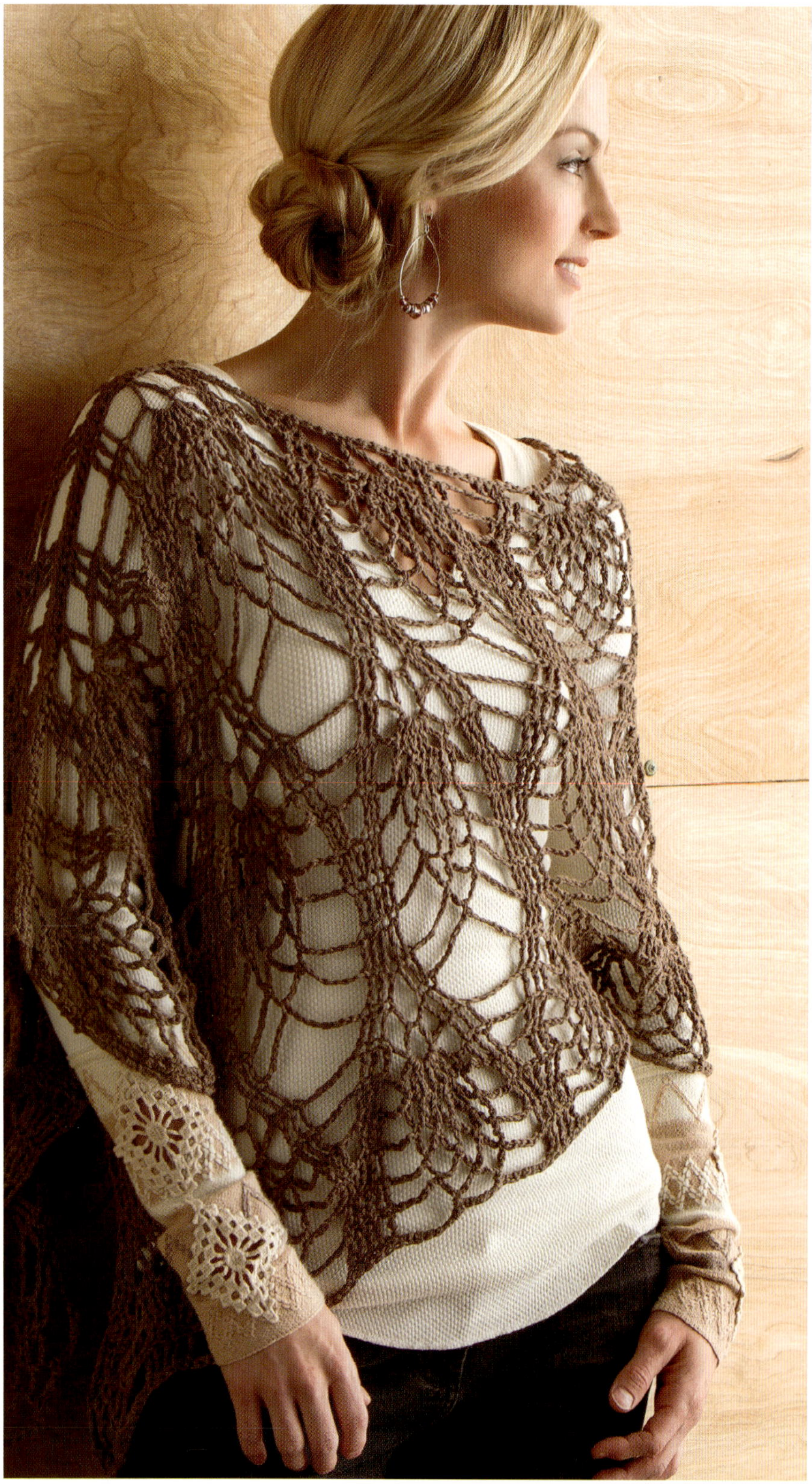

Lektorat Erica Smith
Fachlektorat Karen Manthey
Fotografie Joe Hancock
Styling Emily Smoot
Haar & Makeup Kathy MacKay
Art Direction Julia Boyles
Gestaltung Karla Baker
Herstellung Katherine Jackson

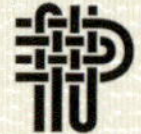

Interweave
A division of F+W Media, Inc.
201 East Fourth Street
Loveland, CO 80537
interweave.com

Titel der Originalausgabe: Rustic modern crochet · 18 designs inspired by nature

Bibliografische Information der Deutschen Nationalbibliothek
Die Deutsche Nationalbibliothek verzeichnet diese Publikation in der Deutschen Nationalbibliografie; detaillierte bibliografische Daten sind im Internet über http://dnb.d-nb.de abrufbar.

www.stiebner.com

Übersetzung aus dem Englischen:
Helene Weinold-Leipold
Satz und Redaktion der deutschen Ausgabe:
Verlags- und Redaktionsbüro München,
www.vrb-muenchen.de

ISBN 978-3-8307-0944-2
Printed in China

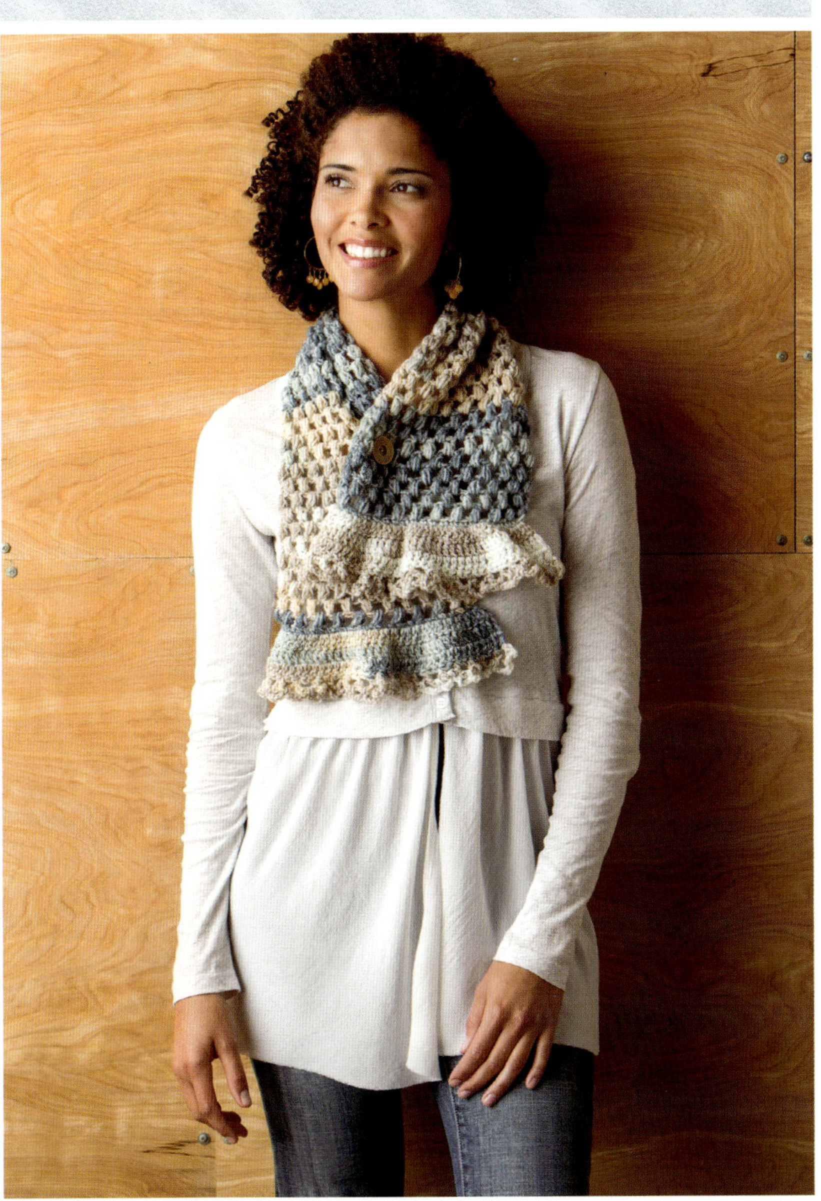

Inhalt

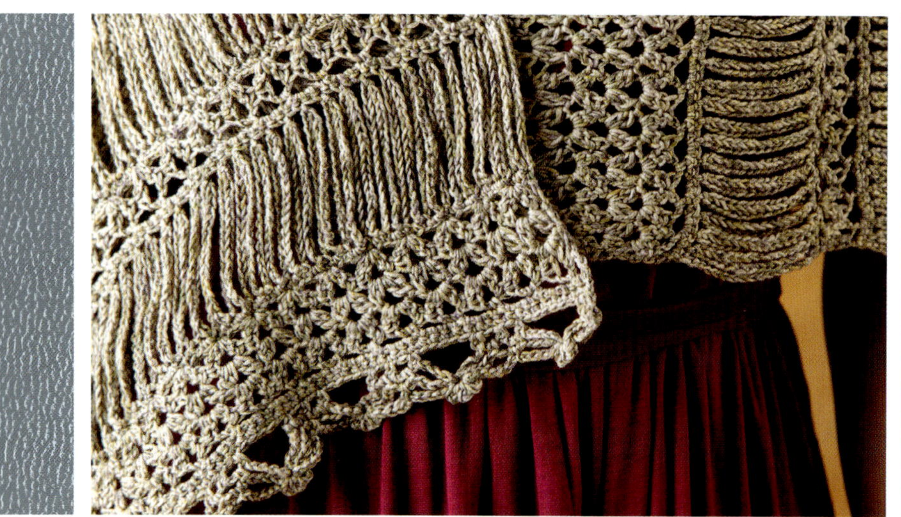

Zu diesem Buch

Ich liebe das Stricken und Häkeln, und dieses Buch zu veröffentlichen war ein Lebenstraum.

Als ich von Japan in die Vereinigten Staaten kam, war alles neu für mich. Ich sprach zunächst kaum Englisch, aber meine Leidenschaft für das Stricken und Häkeln half mir, schnell wundervolle Freunde kennenzulernen. Dabei habe ich den Austausch mit anderen Menschen ebenso genossen wie die vielfältigen Möglichkeiten, mich durch meine gestalterische Arbeit auszudrücken. Und wenn ich heute zurückblicke, kommt es mir so vor, als wäre mein Weg von Anfang an vorgezeichnet gewesen: Meine Mutter ist eine Textilkünstlerin, meine Großeltern hatten eine Schneiderei. Ich wuchs also auf in einer Welt, in der Farben und Strukturen eine große Rolle spielten, und ich lernte schon früh, auf Details zu achten und feine Handarbeit zu schätzen.

Etwa im Alter von elf Jahren vertrieb ich mir gern die Zeit damit, Garne in einem Schaufenster zu betrachten, und eines Tages kaufte mir meine Mutter ein Buch, in dem es um Garn und Nadeln ging. Ich übte die Techniken und brachte mir schließlich selbst das Stricken bei.

Als ich anfing, Kleidungsstücke zu stricken, musste ich zunächst austüfteln, wie ich Größen und Anleitungen abändern konnte, denn in Japan werden Anleitungen nur für eine Größe geschrieben. Bald probierte ich neue Muster aus und passte die Anleitungen für mich an. Der logische nächste Schritt war, meine eigenen Modelle zu entwerfen – und das tat ich denn auch.

Als ich zweiundzwanzig Jahre alt war, lernte ich bei einer Ausstellung eine Strickdesignerin kennen. Sie half mir, meine Fähigkeiten zu erweitern, und

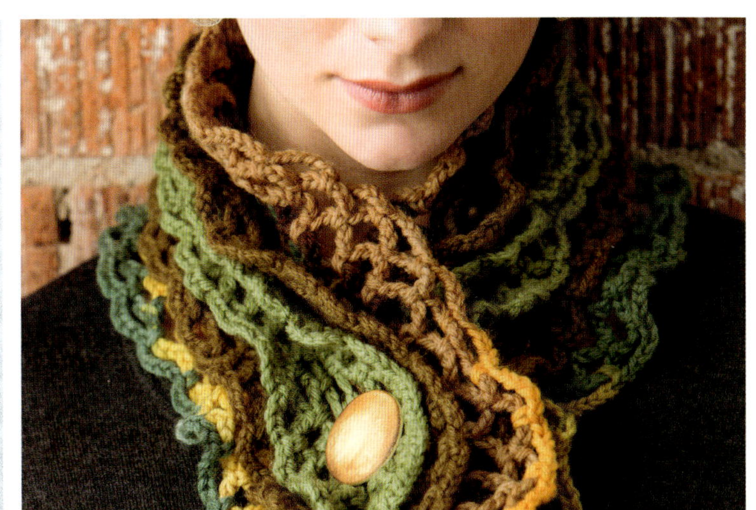

brachte mir viel zum Thema Design bei. Daraufhin entwarf und verkaufte ich eigene Pullover für einige Geschäfte in Japan.

Mit Ende zwanzig heiratete ich dann einen US-Amerikaner und zog mit ihm in die Vereinigten Staaten. Als wir uns in Arizona niederließen, traf ich dort eine Strickerin, die mich einlud, bei einem Handarbeitstreffen über meine Arbeiten zu sprechen. Bei dieser Gelegenheit stellte ich fest, dass es in Arizona auch noch andere Menschen gab, die ebenso gern wie ich strickten und häkelten. Ich nahm an einer anderen Textilveranstaltung teil und belegte einen Kurs bei einer Fachhändlerin am Ort. Sie erzählte mir von ihrem Laden, Tempe Garn & Fiber, und berichtete, dass dort regelmäßig einige Frauen zum Stricken und Häkeln zusammenkämen. Inzwischen besuche ich den Laden oft und genieße es, von guten Freundinnen umgeben zu sein, die stets bereit sind, meine Modelle anzuprobieren, um Stil und Passform zu prüfen. Wenn wir gemeinsam nach Namen für meine Modelle suchen, »besteche« ich sie immer mit leckeren Desserts.

Meine Design-Ideen basieren auf dem, was ich selbst gern in meinem Schrank haben möchte. Jedes Modell muss etwas sein, das ich in gewöhnlichen Bekleidungsgeschäften nicht finden würde. Ich liebe Strukturen und Farben, und ich glaube, dass die Möglichkeiten, Maschen zu Mustern zu kombinieren, unbegrenzt sind. Viele Stunden verbringe ich mit meinen Musterflecken, probiere alles Mögliche aus, und manchmal kommt es mir so vor, als wären es die Garne, die mir zeigten, wie sie verstrickt oder verhäkelt werden wollen. Das Ergebnis ist dann im Idealfall modisch und funktionell zugleich – attraktiv anzusehen und gut zu tragen. Meine schönsten Modelle präsentiere ich in diesem Buch.

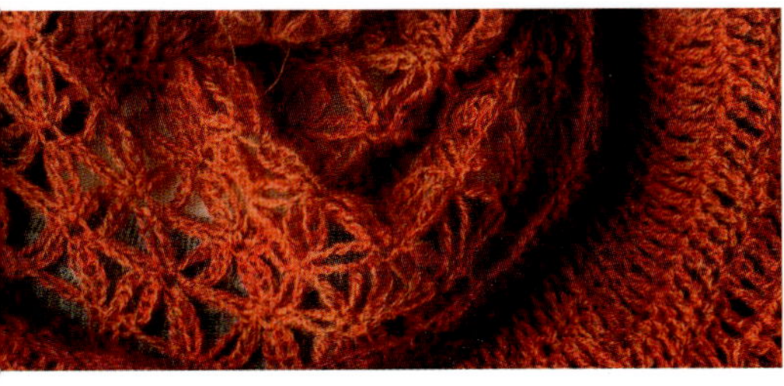

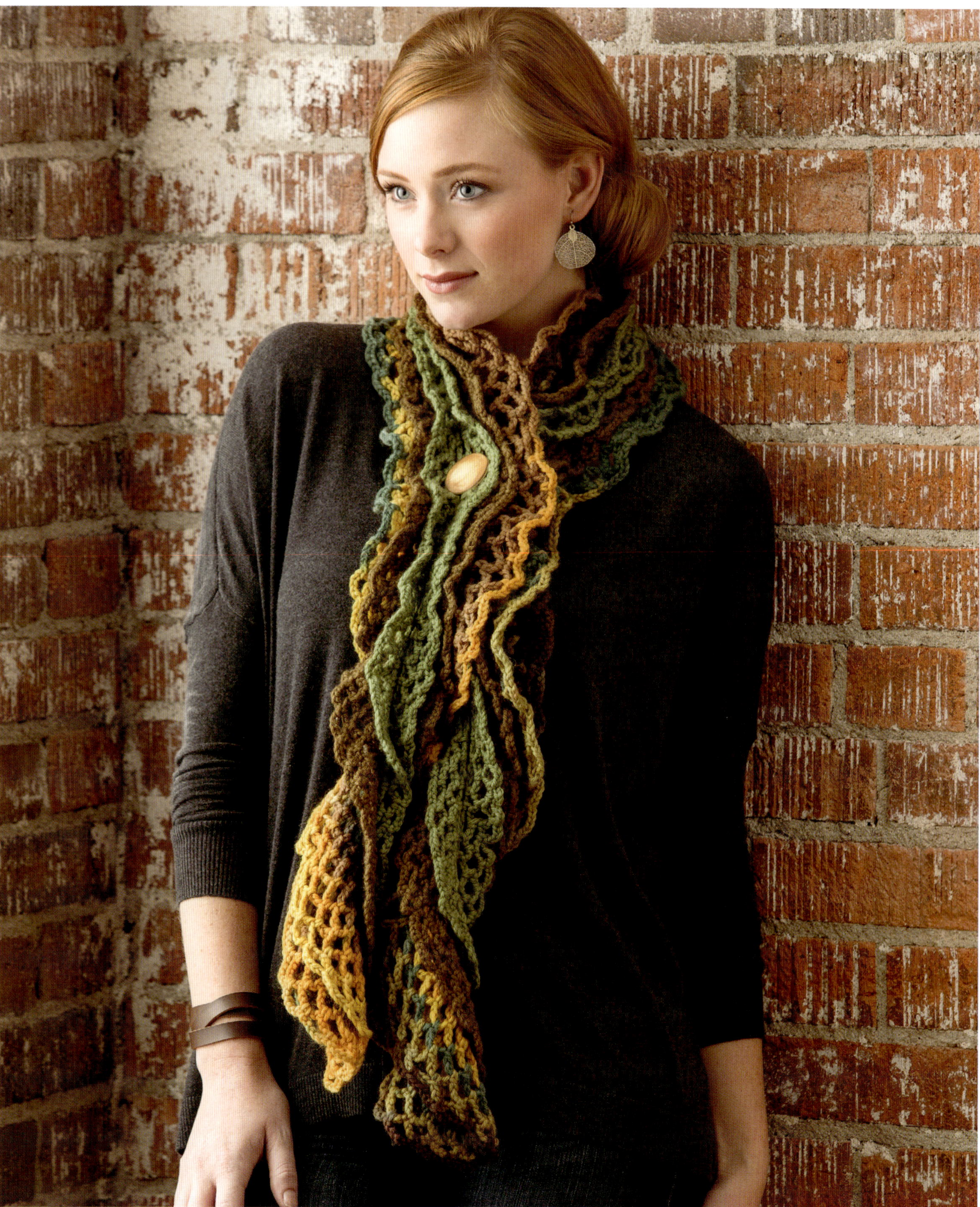

SPITZEN*lage*

Beim Sichten und Sortieren meiner textilen Schätze habe ich Stoffe aufgestapelt – größere Stücke unten und kleinere darüber. Das brachte mich auf die Idee zu diesem Modell. Die drei Lagen des Schals werden nach und nach verbunden, sodass am Ende nichts mehr zusammengenäht werden muss. Wer experimentierfreudig ist, kann Garne unterschiedlicher Zusammensetzung, Struktur, Farbe und Stärke miteinander kombinieren und so eine ganz persönliche Version dieses pfiffigen Modells gestalten.

GRÖSSE

15 cm x 150 cm (ungedehnt)

MATERIAL & ZUBEHÖR

Garn

Universal Garn Deluxe Worsted (100 % Wolle; LL 180 m/100 g) in Fb 12183 City Turf (Fb A) und Fb 12181 Bronze Brown (Fb B), je 100 g

Universal Garn Deluxe Worsted Long Print (100 % Wolle; LL 180 m/100 g) in Fb 03 Autumn Equinox (Fb C), 200 g

Häkelnadel

6 mm

Wählen Sie gegebenenfalls eine dickere oder dünnere Häkelnadel, um die angegebene Maschenprobe zu erzielen.

Zubehör

1 Knopf, Ø 4 cm, 41 Maschenmarkierer, Wollnadel

MASCHENPROBE

25 Lm anschl und 4 Rd im Streifenmuster arb: Das Probestück sollte 23 cm breit und 10 cm hoch sein.

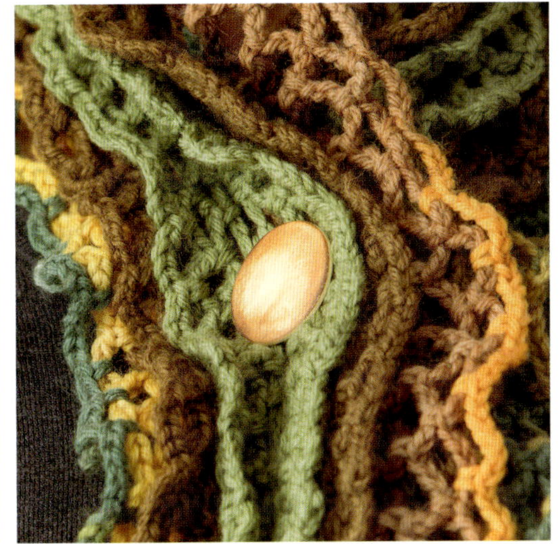

Hinweis

Arbeiten Sie zuerst einen Basisstreifen für die mittlere Lage und anschließend kleinere und größere Streifen, die Sie im Verlauf der Grundrunde mit der mittleren Lage verbinden.

Maschen & Muster

GRUNDMUSTER FÜR DIE STREIFEN

(Lm-Zahl zu Beginn teilbar durch 5 + 10 Lm)

EINTEILUNGSRUNDE: 210 Lm anschl, 1 fM in die 10. Lm von der Häkelnd aus, die fM mit 1 MM kennzeichnen, * 4 Lm, die nächsten 4 Lm übergehen, 1 fM in die nächste Lm, die fM mit 1 MM kennzeichnen; ab * fortlfd wdh bis zu den letzten 5 Lm, 4 Lm, 1 Km in die letzte Lm (= 40 MM).

1. RUNDE: 1 fM in den nächsten 9-Lm-Bogen unter der Km, 1 MM in die 1. MM der Rd einhängen, 2 x [4 Lm, 1 fM] in denselben 9-Lm-Bogen, 4 Lm, [1 fM, 4 Lm, 1 fM, 4 Lm] in jeden 4-Lm-Bogen bis zum letzten 9-Lm-Bogen, dann {1 fM, 4 x [4 Lm, 1 fM]} in denselben 9-Lm-Bogen, dann 4 Lm [1 fM, 4 Lm, 1 fM, 4 Lm] in jeden 4-Lm-Bogen bis zum letzten 9-Lm-Bogen, [1 fM, 4 Lm, 1 fM] in denselben 9-Lm-Bogen, 1 Lm, 1 Stb in die 1. fM der Rd statt in den letzten 4-Lm-Bogen. Den MM an der 1. fM entfernen.

2. UND 3. RUNDE: 1 fM in den 1. Lm-Bogen, die 1. M der Rd mit 1 MM kennzeichnen, [4 Lm, 1 fM] in jeden 4-Lm-Bogen bis Rd-Ende, 1 Lm, 1 Stb in die 1. fM (= 86 Bogen à 4 Lm). Den MM an der 1. fM entfernen.

4. UND 5. RUNDE: 1 fM in den 1. Lm-Bogen, die 1. M der Rd mit 1 MM kennzeichnen, [5 Lm, 1 fM] in jeden Lm-Bogen bis Rd-Ende, 1 Lm, 1 Stb in die 1. fM. Den MM an der 1. fM entfernen.

6. RUNDE: 1 fM in den 1. Lm-Bogen, die 1. M der Rd mit 1 MM kennzeichnen, [5 Lm, 1 fM] in jeden 5-Lm-Bogen bis Rd-Ende, 5 Lm, die Rd mit 1 Km in die 1. fM schließen. Den MM an der 1. fM entfernen. Den Faden abschneiden und sichern.

Anleitung

GRUNDSTREIFEN

Dieser Streifen bildet die mittlere Lage des Schals. In Fb B nach dem Grundmuster für die Streifen arb (siehe Häkelmuster); nach der 4. Rd enden. Um einen Streifen am Ende der 4. Rd abzuschließen die letzte Rd mit 5 Lm und 1 Km in die fM am Rd-Beginn schließen (statt 2 Lm, 1 Stb in die 1. fM).

SCHMALER STREIFEN

In Fb A häkeln und diesen Streifen von der rechten Seite an den Grundstreifen anhäkeln wie folgt:

VERBINDUNGSRUNDE: 5 Lm, 1 fM um die 1. markierte fM des Grundstreifens,
* 4 Lm, 1 fM um die nächste markierte fM des Grundstreifens; ab
* fortlfd wdh bis zum letzten MM, [1 fM, 9 Lm, 1 fM] um die letzte markierte fM, dann in entgegengesetzter Richtung über den Grundstreifen weiterhäkeln wie folgt:
* 4 Lm, 1 fM um die nächste fM des Grundstreifen; ab
* fortlfd wdh bis nach dem letzten MM, 4 Lm, die nächsten 4 Lm übergehen, 1 Km in die letzte Lm der 5 Anfangs-Lm.

Die MM am Grundstreifen brauchen Sie noch – bitte nicht entfernen!

Die 1.–3. Rd des Grundmusters arb. Um einen Streifen mit der 3. Rd abzuschließen, die letzte Rd mit 4 Lm, 1 Km in die fM am Rd-Beginn beenden (statt 1 Lm, 1 Stb in die 1. fM).

Hinweis: *Für das Grundmuster nur in Lm-Bogen der Fb A einstechen, nicht in Bogen der Fb B.*

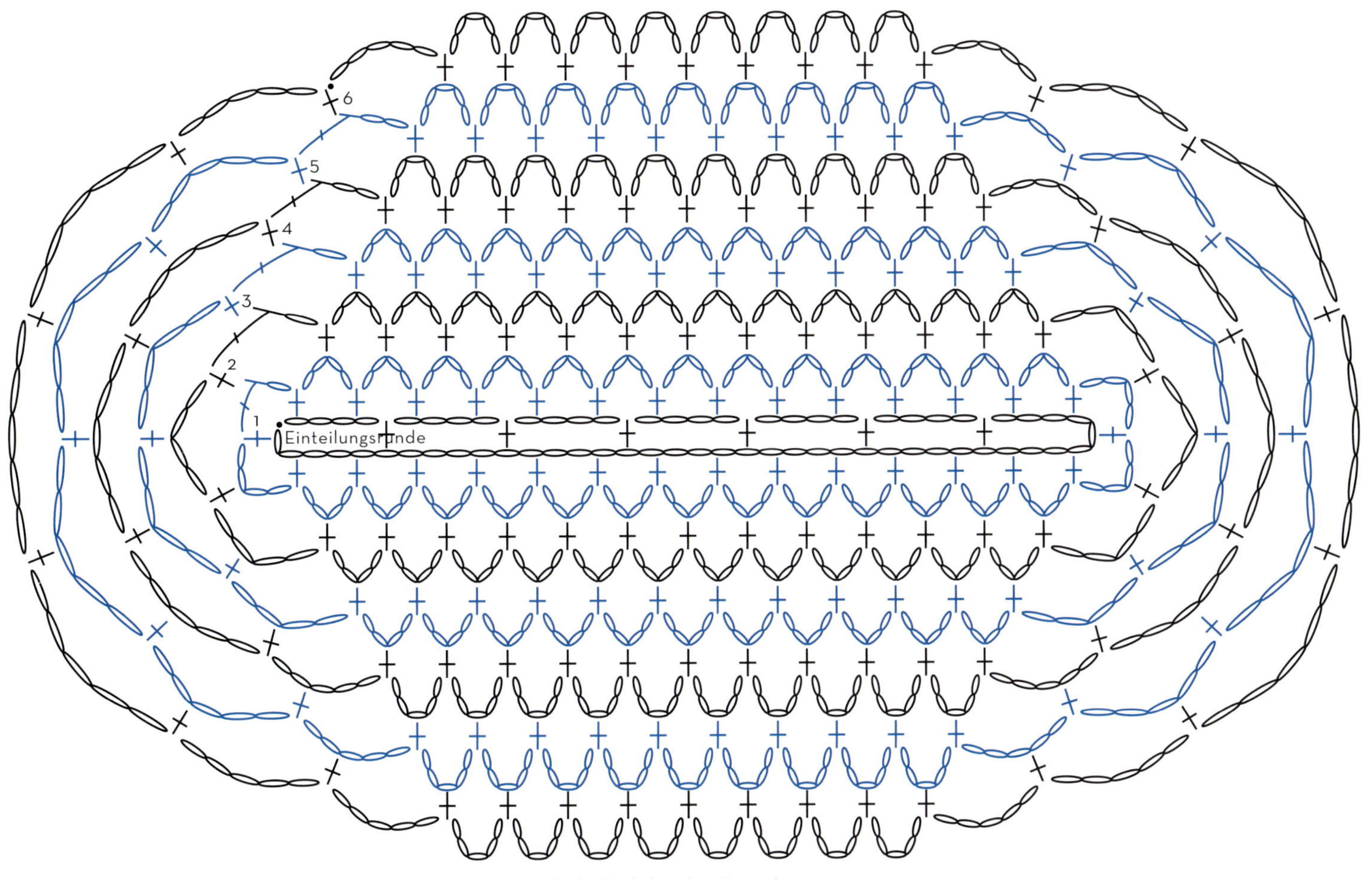

Häkelschrift für das Grundmuster
(gezeigt wird nur ein Teil; Rest sinngemäß ergänzen)

Zeichenerklärung

= 1 Luftmasche (Lm)
= 1 Kettmasche (Km)
= 1 feste Masche (fM)
= 1 Stäbchen (Stb)

BREITER STREIFEN

In Fb C häkeln und von der linken Seite der Arbeit mit dem Grundstreifen verbinden. Die Verbindungsrd arb wie beim schmalen Streifen. Alle MM aus dem Grundstreifen entfernen.

Die 1.–6. Rd des Grundmusters arb.

Hinweis: *Beim Häkeln des Grundmusters nur in Lm-Bogen der Fb C einstechen, nicht in Bogen der Fb B!*

FERTIGSTELLUNG

Den Schal spannen, anfeuchten und trocknen lassen. Danach den Schal anprobieren und die Platzierung des Knopfes festlegen. Den Knopf annähen und durch einen der mittleren Lm-Bogen knöpfen.

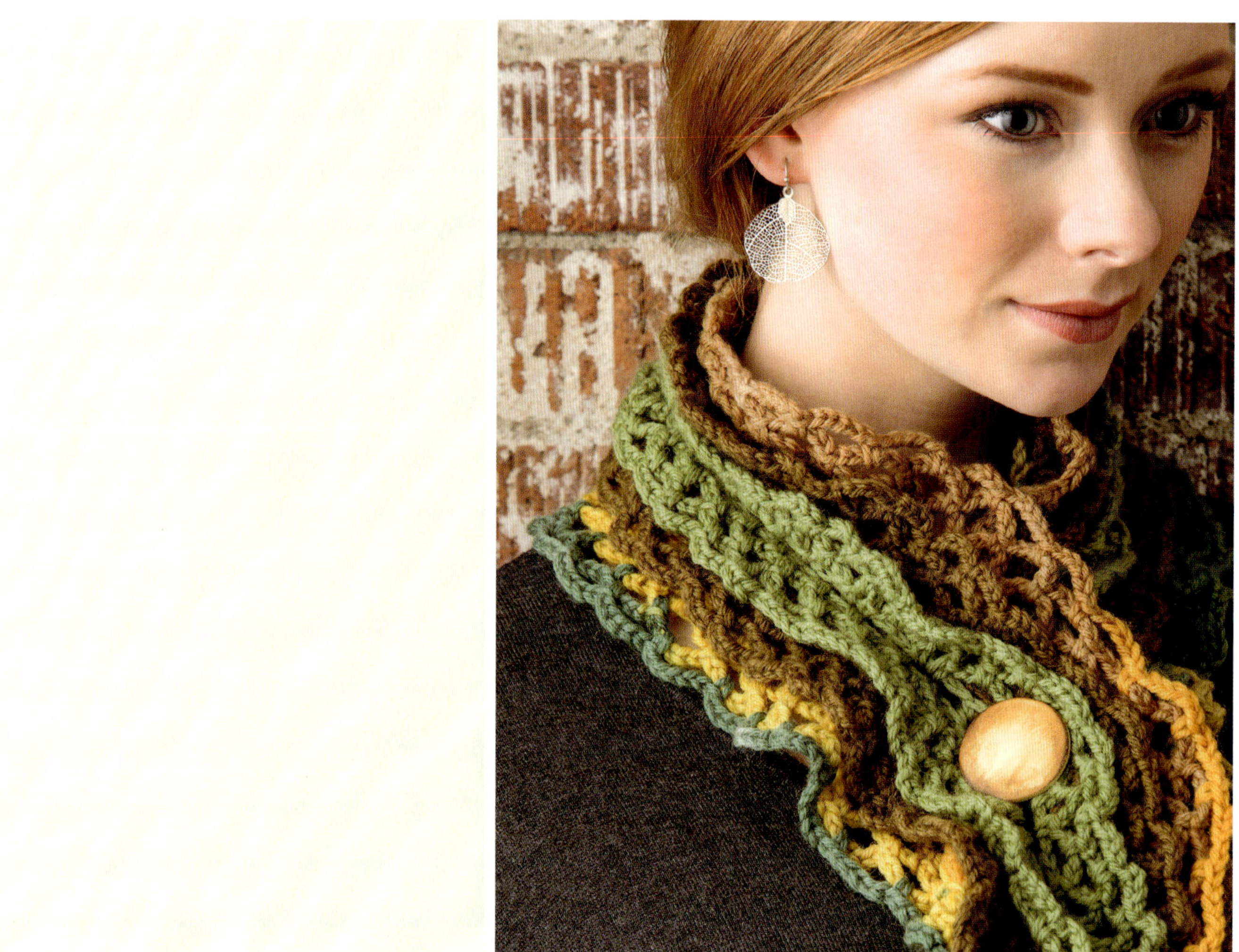

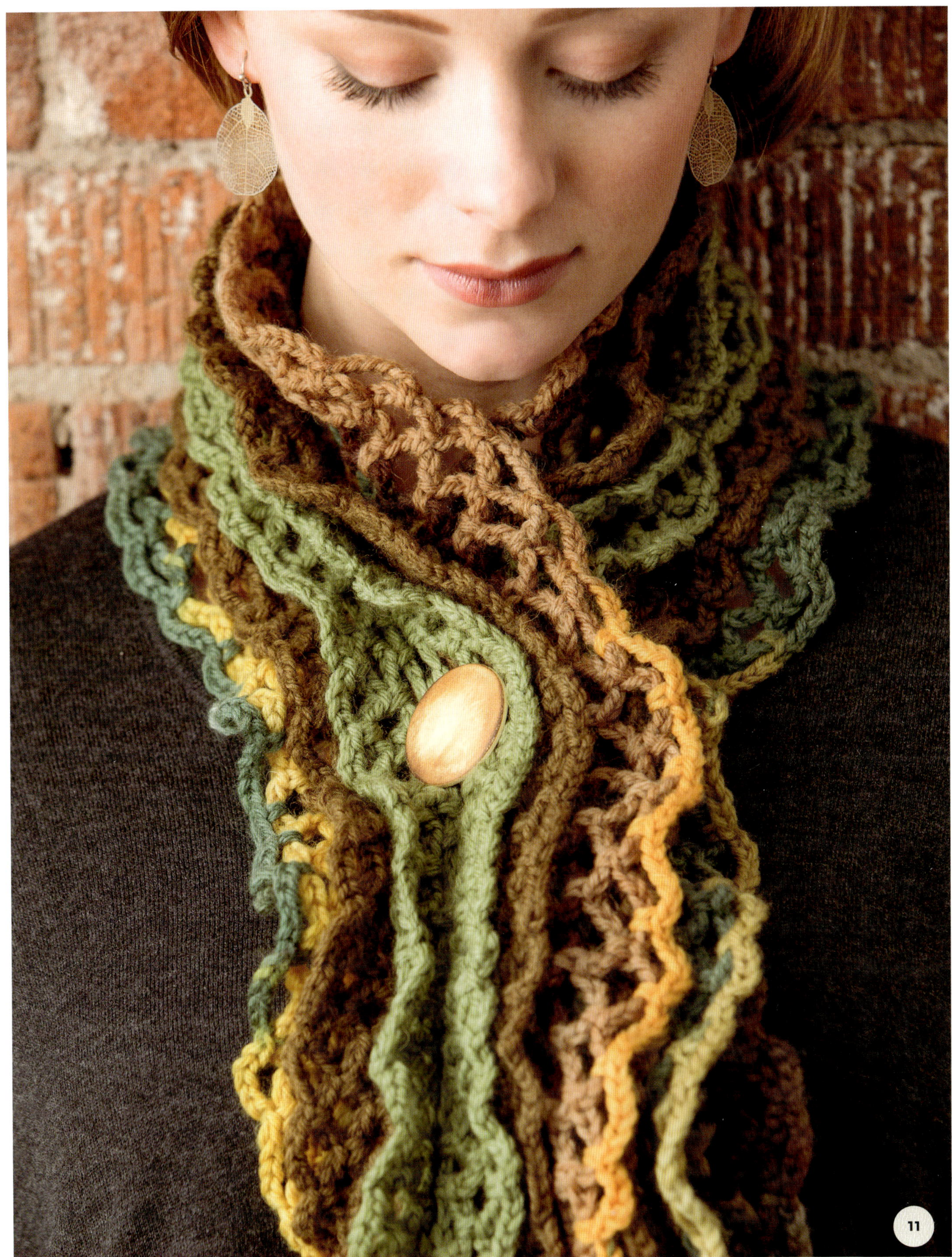

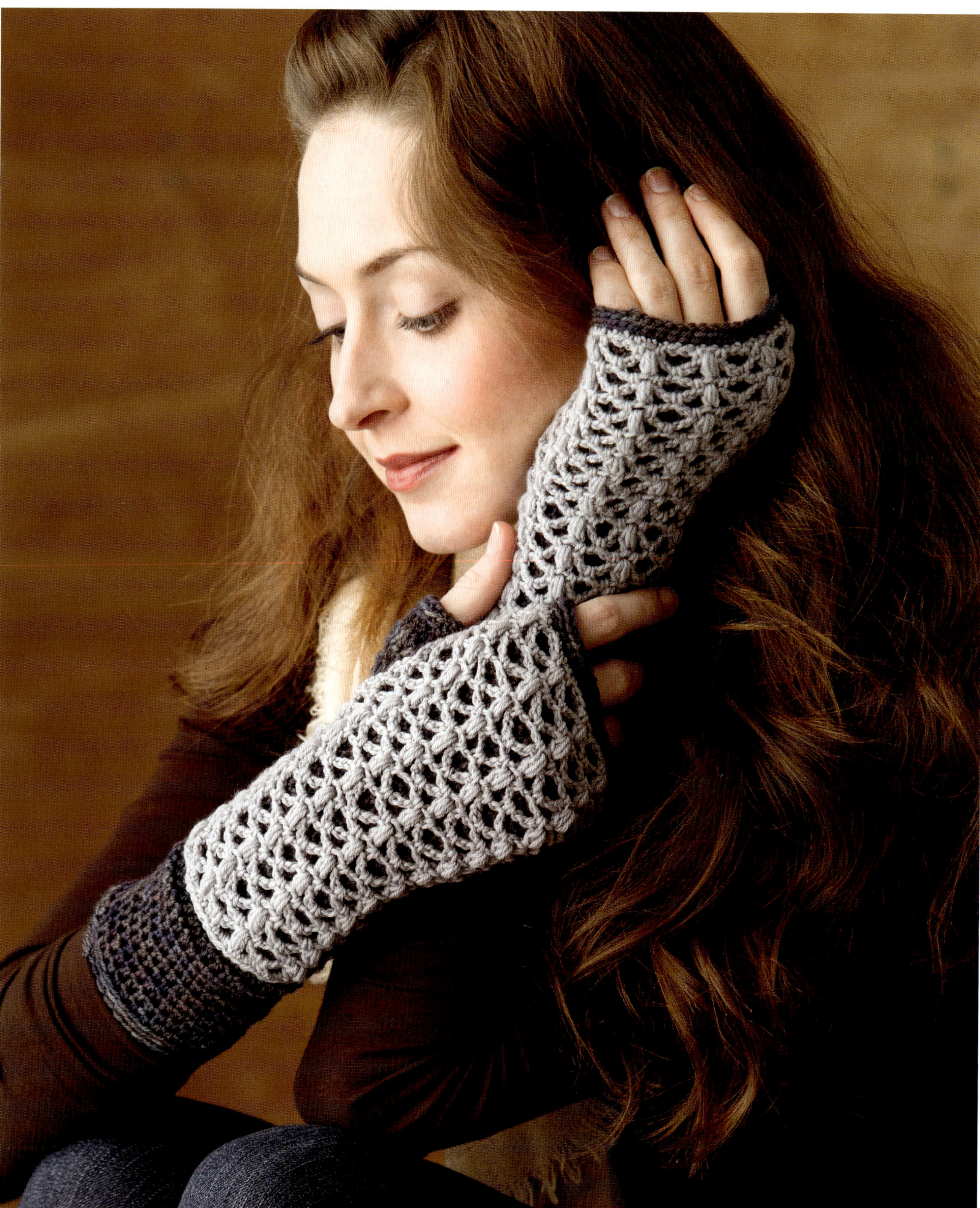

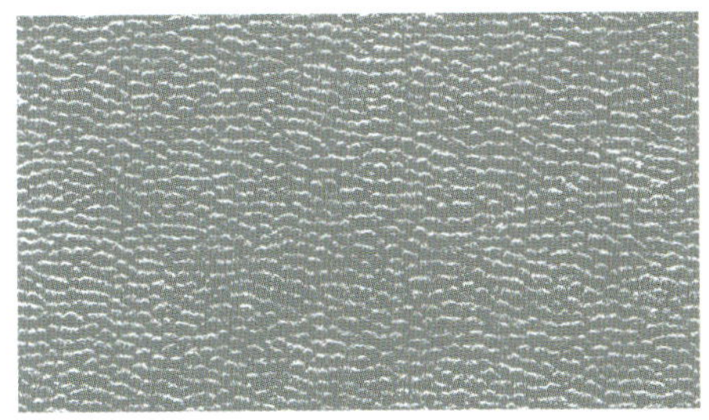

LACE*träume*

Peppen Sie einfache, fingerlose Handschuhe aus mehrfarbigem oder dunklem Garn durch eine zweite, hellere Lage mit transparentem Muster auf. Je nach Kombination der verwendeten Garne – glänzend und matt, Wolle und Mohair zum Beispiel – entstehen so Handstulpen für jede Gelegenheit. Wenn die Basis-Handschuhe fertig sind, arbeiten Sie feste Maschen in die Maschenglieder der letzten Runde, und häkeln Sie von oben nach unten. Hier muss nichts genäht werden!

GRÖSSE

Länge 28 cm (vom Arm bis zu den Fingern, Breite 8,5 cm an den Fingern und 9 cm an Arm und Hand, passend für eine durchschnittliche Frauenhand mit 7,5–10 cm Handbreite (oberhalb der Daumenzunahmen quer über die Hand gemessen)

MATERIAL & ZUBEHÖR

Garn

A Cascade Heritage paints (75 % Superwash-Merinowolle, 25 % Polyamid; LL 400 m/100 g) in Thunder (Fb 9872), 100 g

B Cascade Heritage (75 % Superwash-Merinowolle, 25 % Polyamid; LL 400 m/100 g) in Limestone (Fb 5681), 100 g

Häkelnadeln

4 mm und 5 mm

Wählen Sie gegebenenfalls eine dickere oder dünnere Häkelnadel, um die angegebene Maschenprobe zu erzielen.

Zubehör

Wollnadel, Maschenmarkierer

MASCHENPROBE

5 hStb, mit der dünneren Häkelnd gehäkelt = 2,5 cm breit

1 Musterrapport im Lacemuster [1 Noppe, 2 Lm, 1 fM, 2 Lm], mit der dünneren Häkelnd gehäkelt = 2,5 cm breit

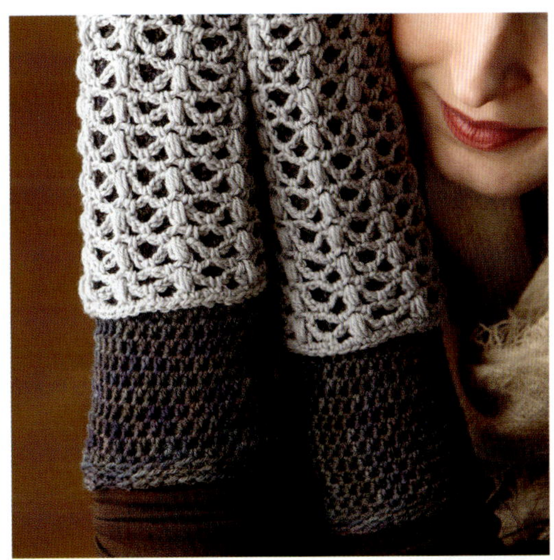

Hinweis

Häkeln Sie zuerst den Basishandschuh, und arbeiten Sie danach den Lace-Überzug darüber.

Maschen & Muster

NOPPE (N)

1 U, Häkelnd in die nächste M einstechen, Faden holen und durch die M ziehen, * 1 U, in dieselbe M einstechen, den Faden holen und durch die M ziehen; ab * 1 x wdh, den Faden holen und durch alle 7 Schlingen auf der Häkelnd ziehen, die N mit 1 Lm sichern.

LACEMUSTER (IN RUNDEN)
(M-Zahl teilbar durch 5)

EINTEILUNGSRUNDE: 2 Lm, die ersten 2 M übergehen, * 1 fM in die nächste M; 5 Lm, die nächsten 2 M übergehen, 1 fM in die nächste M **, 1 Lm, die nächste M übergehen; ab * fortlfd wdh, den letzten Rapport bei ** beenden, die Rd mit 1 Km in die 1. der 2 Anfangs-Lm schließen

1. RUNDE: 1 Km in den ersten 1-Lm-Bogen, 2 Lm, 1 N in den ersten 1-Lm-Bogen, * 2 Lm, 1 fM in den nächsten 5-Lm-Bogen, 2 Lm **, 1 N in den nächsten 1-Lm-Bogen; ab * fortlfd wdh, den letzten Rapport bei ** beenden, die Rd mit 1 Km ins Abmaschglied der 1. N beenden.

2. RUNDE: 2 Lm, * 1 fM in den nächsten 2-Lm-Bogen, 5 Lm, 1 fM in den nächsten 2-Lm-Bogen **, 1 Lm; ab * fortlfd wdh, den letzten Rapport bei ** beenden, die Rd mit 1 Km in die 1. der 2 Anfangs-Lm schließen.

1. und 2. Rd stets wdh.

LACEMUSTER (IN REIHEN)
(M-Zahl teilbar durch 5 + 1 M)

1. REIHE: 5 Lm (für 1 Stb + 2 Lm), * 1 fM in nächsten 5-Lm-Bogen, 2 Lm **, 1 N in nächsten 1-Lm-Bogen, 2 Lm; ab * fortlfd wdh, letzten Rapport bei ** beenden, 1 Stb in die letzte fM; wenden.

2. REIHE: 1 Lm, 1 fM ins 1. Stb, * 1 fM in den nächsten 2-Lm-Bogen, 5 Lm, 1 fM in den nächsten 2-Lm-Bogen **, 1 Lm; ab * fortlfd wdh, den letzten Rapport bei ** beenden, 1 fM in die 3. der 5 Anfangs-Lm; wenden.

1. und 2. R stets wdh.

Anleitung

BASISHANDSCHUH – FINGERBÜNDCHEN UND HAND

Mit der dickeren Häkelnd und Garn A 36 Lm anschl und mit 1 Km in die 1. Lm zum Ring schließen, ohne die Lm-Kette zu verdrehen.

Zur dünneren Häkelnd wechseln.

1. RUNDE: 1 Lm, 1 fM in jede folg Lm, die Rd mit 1 Km in die 1. fM schließen (= 36 fM).

2. UND 3. RUNDE: 1 Lm, 1 fM ins hMg jeder fM bis Rd-Ende, die Rd mit 1 Km in die 1. fM schließen.

4. RUNDE: 1 Lm, die 1. Lm der Rd mit 1 MM kennzeichnen, die 1. fM übergehen, je 1 hStb ins hMg der nächsten 35 fM, die Rd nicht schließen, sondern in Spiralrd weiterhäkeln, den MM beim Weiterhäkeln jeweils in die 1. M der neuen Rd versetzen (= 35 hStb).

5. RUNDE: 1 hStb in die markierte Lm, je 1 hStb in die nächsten 35 hStb (= 36 hStb).

6.–11. RUNDE: 1 hStb in jedes hStb der Vorrd arb.

BASISHANDSCHUH – DAUMENZWICKEL

12. RUNDE: 1 hStb ins markierte hStb, 14 Lm (für die Daumenöffnung), je 1 hStb in die nächsten 35 hStb (= 36 hStb + 14 Lm).

13. RUNDE: 1 hStb ins markierte hStb, je 1 hStb in die 14 Lm, je 1 hStb in die nächsten 35 hStb (= 50 hStb).

14. RUNDE: Über den nächsten 2 M 2 hStb zus abm, je 1 hStb in die nächsten 12 hStb, über den nächsten 2 M 2 hStb zus abm, je 1 hStb in die nächsten 34 hStb (= 48 hStb).

15. RUNDE: Über den nächsten 2 M 2 hStb zus abm, je 1 hStb in die nächsten 10 hStb, über den nächsten 2 M 2 hStb zus abm, je 1 hStb in die nächsten 34 hStb (= 46 hStb).

16. RUNDE: Über den nächsten 2 M 2 hStb zus abm, je 1 hStb in die nächsten 8 hStb, über den nächsten 2 M 2 hStb zus abm, je 1 hStb in die nächsten 34 hStb (= 44 hStb).

17. RUNDE: Über den nächsten 2 M 2 hStb zus abm, je 1 hStb in die nächsten 6 hStb, über den nächsten 2 M 2 hStb zus abm, je 1 hStb in die nächsten 34 hStb (= 42 hStb).

18. RUNDE: Über den nächsten 2 M 2 hStb zus abm, je 1 hStb in die nächsten 4 hStb, über den nächsten 2 M 2 hStb zus abm, je 1 hStb in die nächsten 34 hStb (= 40 hStb).

19. RUNDE: Über den nächsten 2 M 2 hStb zus abm, je 1 hStb in die nächsten 2 hStb, über den nächsten 2 M 2 hStb zus abm, je 1 hStb in die nächsten 34 hStb (= 38 hStb).

20. RUNDE: 2 x [über den nächsten 2 M 2 hStb zus abm], je 1 hStb in die nächsten 34 hStb (= 36 hStb).

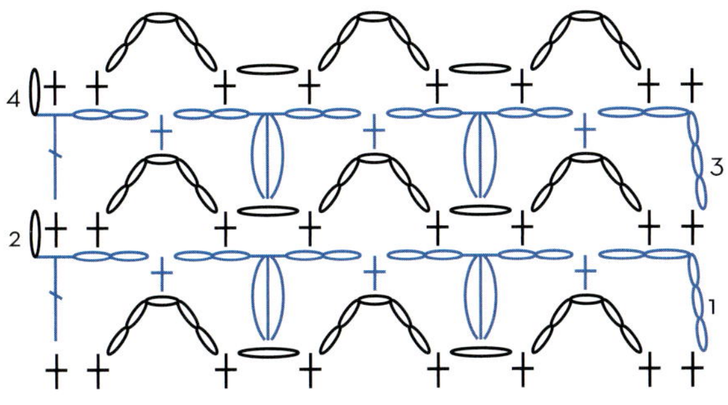

Häkelschrift für das Lacemuster in Reihen

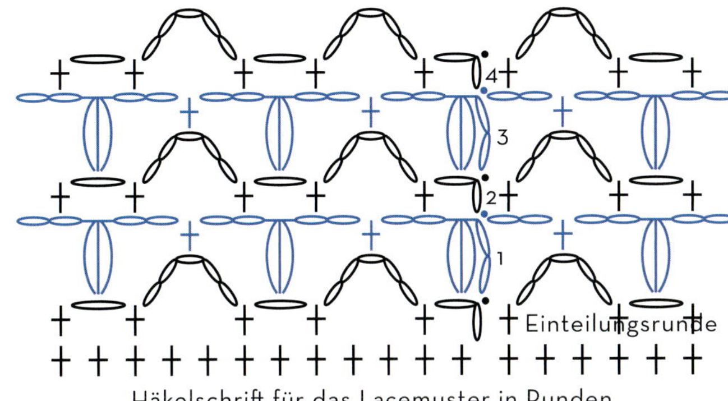

Häkelschrift für das Lacemuster in Runden

Zeichenerklärung

- = 1 Luftmasche (Lm)
- = 1 Kettmasche (Km)
- = 1 feste Masche (fM)
- = 1 Stäbchen (Stb)
- = 1 Noppe (N)

BASISHANDSCHUH – STULPE UND ARMBÜNDCHEN

21. RUNDE: 1 hStb in jede M der Vorrd (= 36 hStb).

Die 21. Rd stets wdh bis zu einer Gesamthöhe von 26,5 cm, dann weiterhäkeln wie folgt:

NÄCHSTE RUNDE: Je 1 hStb in die nächsten 35 hStb, 1 fM ins nächste hStb, 1 Km ins Abmaschglied des nächsten hStb.

Die nächsten 2 R mit der dickeren Häkelnd arb wie folgt: 1 Lm, je 1 fM ins hMg jeder folg M bis Rd-Ende, die Rd mit 1 Km ins 1. fM schließen. Den Faden abschneiden und sichern.

DAUMENÖFFNUNG

EINTEILUNGSRUNDE: Von der rechten Seite der Arbeit mit der dickeren Häkelnd über die Unterseite der Anschlag-Lm an der Daumenöffnung häkeln, Garn A an der 1. Lm anschlingen, je 1 Km in die nächsten 13 Lm und 4 Km über die Kante des Daumenzwickels arb; die Rd mit 1 Km in die 1. Km schließen (= 18 Km).

1. RUNDE: Zur dünneren Häkelnd wechseln, 1 Lm, 1 fM ins hMg jeder Km bis Rd-Ende häkeln, die Rd mit 1 Km in die 1. Lm schließen (= 18 M).

2. RUNDE: 1 Lm, 1 fM ins hMg jeder fM bis Rd-Ende, die Rd mit 1 Km in die 1. fM schließen.

Faden abschneiden und sichern.

LACE-ÜBERZUG ÜBER DIE BASISHANDSCHUHE

Den Basishandschuh mit dem Fingerbündchen zu Ihnen und der Daumenöffnung nach rechts hinlegen. Genau unterhalb der Daumenöffnung beginnen, in die vMg der 3. Rd einstechen und Garn B mit 1 Km an einer M unter der Daumenöffnung anschlingen: 1 Lm, je 1 fM in die ersten 8 M, 2 fM in die nächste M, * je 1 fM in die nächsten 8 M, 2 fM in die nächste M; ab * fortlfd wdh bis Rd-Ende, die Rd mit 1 Km in die 1. fM schließen (= 40 fM).

Die Einteilungsrd des Lacemusters arb (siehe »Maschen & Muster«).

1.–3. RUNDE: 1 x die 1. und 2. Rd des Lacemusters arb, dann die 1. Rd noch 1 x arb; wenden.

Nun in Hin- und Rückr weiterarb wie folgt:

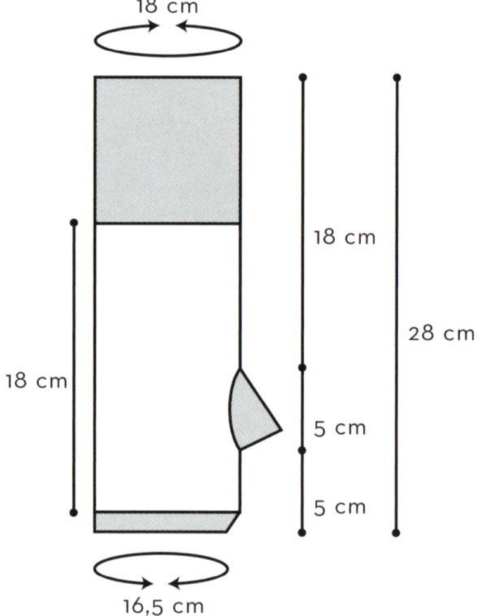

4. REIHE (RÜCKR): 1 Lm, 1 fM in die 1. N, * 1 fM in den nächsten 2-Lm-Bogen, 5 Lm, 1 fM in den nächsten 2-Lm-Bogen **, 1 Lm; ab * fortlfd wdh, den letzten Rapport bei ** beenden; wenden.

5.–12. REIHE: Im Lacemuster in R weiterhäkeln, dabei die 1. und 2. R 4 x arb, dann die 1. R noch 1 x arb.

Nun wieder in Rd weiterhäkeln wie folgt:

13. RUNDE: Die 1. Rd häkeln und mit 1 Km in die 3. der 5 Anfangs-Lm schließen.

14. RUNDE: 2 Lm, * 2 fM in den nächsten 2-Lm-Bogen, 5 Lm, 1 fM in den nächsten 2-Lm-Bogen **, 1 Lm; ab * fortlfd wdh, den letzten Rapport bei ** beenden, die Rd mit 1 Km in die 1. der 2 Anfangs-Lm schließen.

15.–27. RUNDE: Im Lacemuster in Rd weiterhäkeln, dabei die 1. und 2. Rd 6 x arb, dann die 1. Rd noch 1 x arb.

28. RUNDE: 1 Lm, 1 fM in die 1. N, * 2 fM in den nächsten 2-Lm-Bogen, 1 fM in die nächste fM, 2 fM in den nächsten 2-Lm-Bogen **, 1 fM in die nächste N; ab * fortlfd wdh, den letzten Rapport bei ** beenden, die Rd mit 1 Km in die 1. fM schließen. Den Faden abschneiden und sichern.

FERTIGSTELLUNG

Fadenenden vernähen. Beide Handschuhe gleich arb.

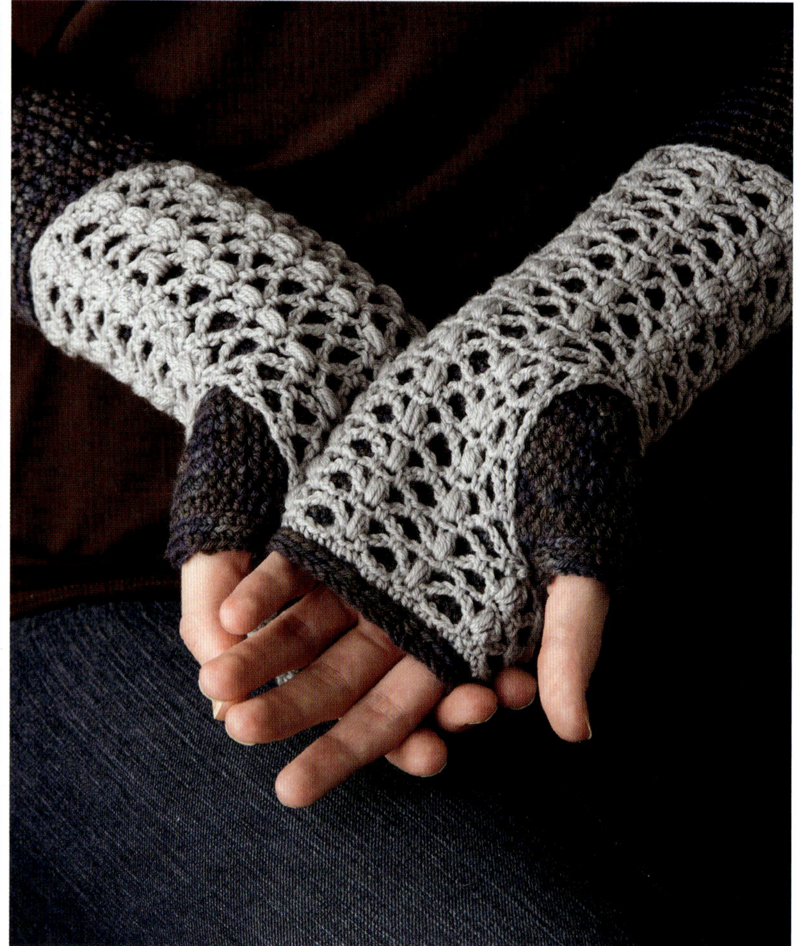

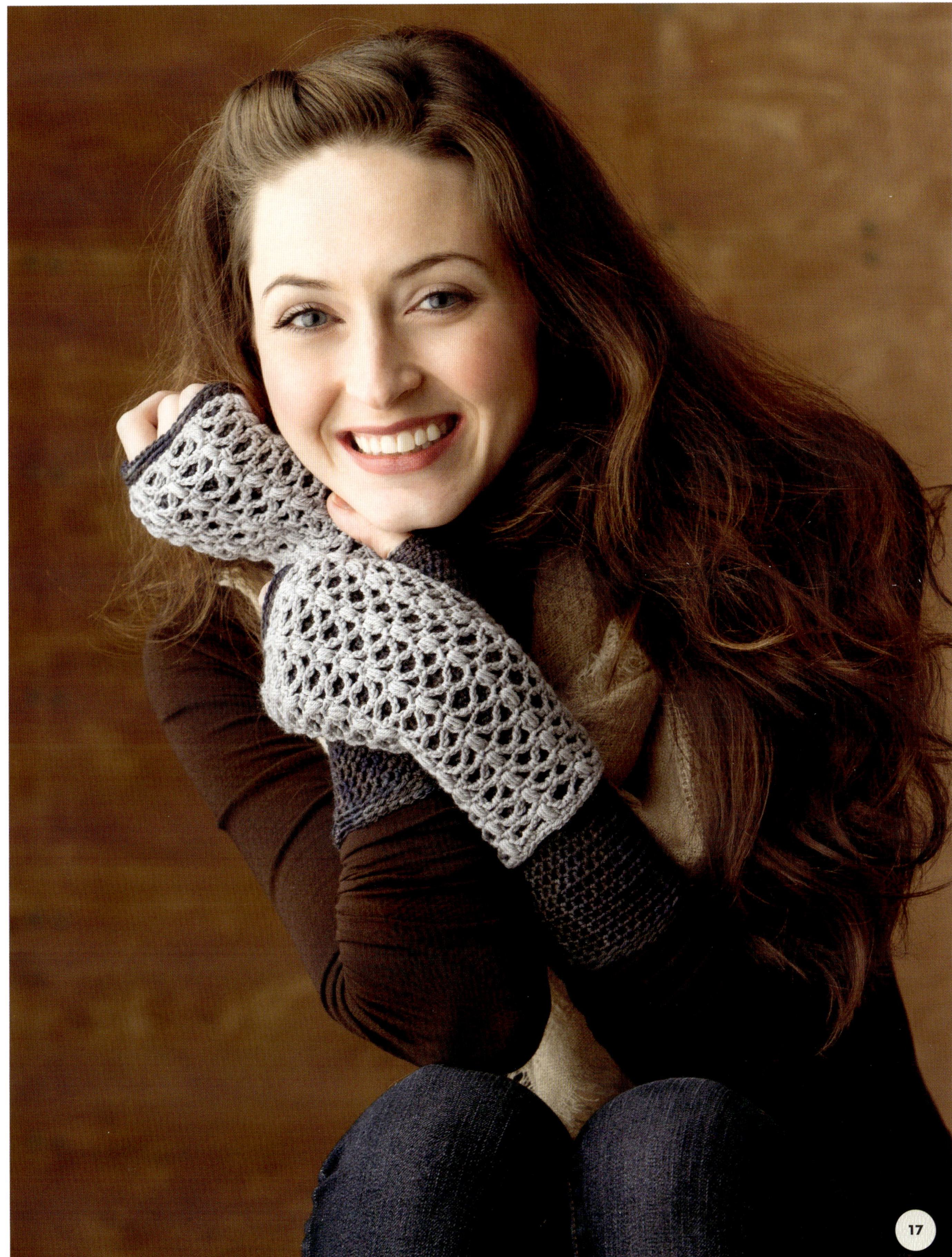

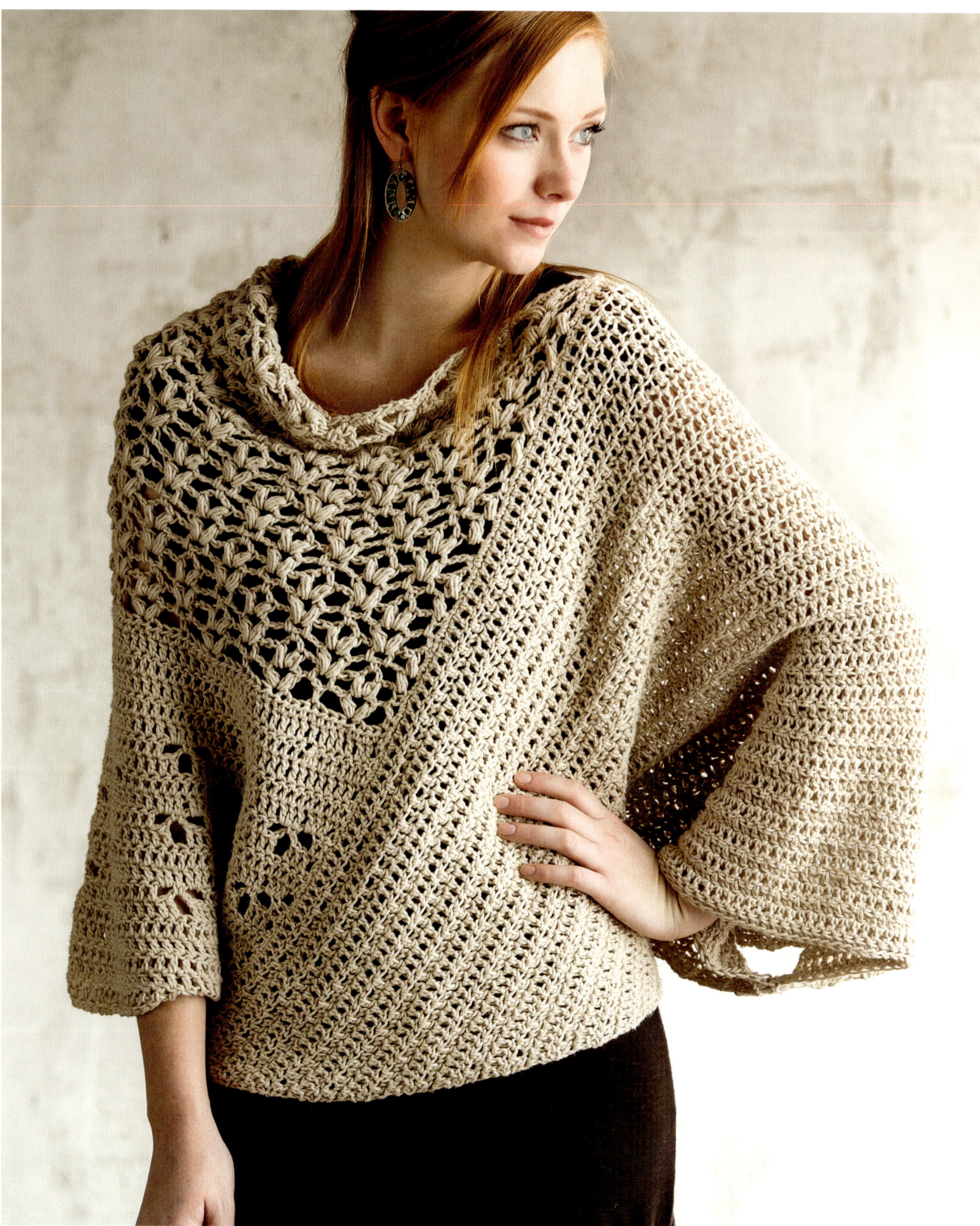

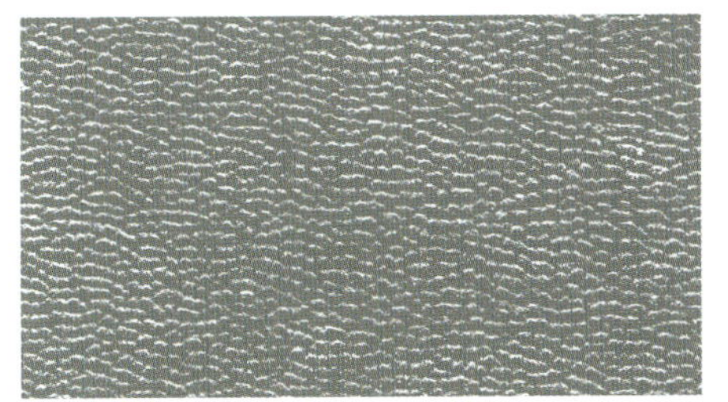

GRÖSSE
S-L (XL-XXL)

Weitere Hinweise zu den Größen finden Sie auf Seite 21.

Die Angaben für Größe S-L stehen vor dem Schrägstrich, die für die Größe XL-XXL dahinter. Steht nur eine Angabe, so gilt sie für beide Größen.

MATERIAL & ZUBEHÖR

Garn

Rowan Creative Linen (50 % Leinen, 50 % Baumwolle; LL 200 m/100 g) in Natural (Fb 621), 500/600 g

Häkelnadel

5,5 mm

Wählen Sie gegebenenfalls eine dickere oder dünnere Häkelnadel, um die angegebene Maschenprobe zu erzielen.

Zubehör

Wollnadel, Maschenmarkierer

MASCHENPROBE

Muster A: 13,5 Stb und 7 R = 10 cm x 10 cm

Muster B: 1 Rapport (8 M und 4 R) = ca. 6,5 cm breit und 5 cm hoch

Muster C: 13 M und 8 R = 10 cm x 10 cm

SAND*muscheln*

Ich liebe außergewöhnliche Kleidungsstücke, und dieses hier gehört zu meinen Lieblingsmodellen. Es setzt sich ganz einfach aus drei Teilen zusammen: aus zwei Rechtecken und einem Trapez. Das Lacemuster für die Halspartie verleiht dem Oberteil Struktur und eine feminine Optik, die Flächen aus einfachen Stäbchen werden durch dekorative Löchlein interessanter. Zudem ist das Modell »Sand & Muscheln« wandlungsfähig: Es eignet sich als Überwurf für den Strand ebenso gut wie für einen Stadtbummel oder als perfekter Hingucker am Abend.

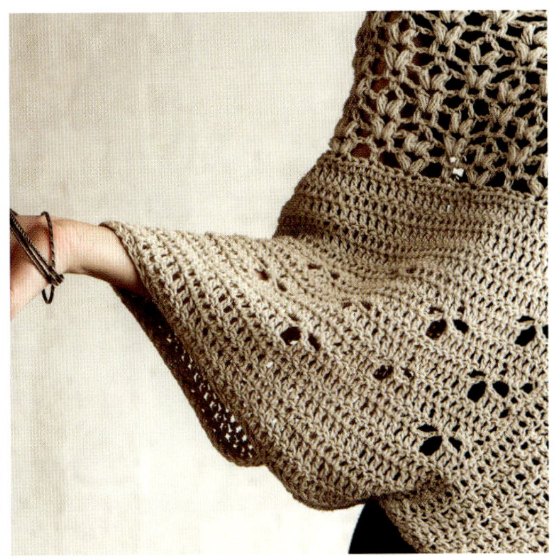

Maschen & Muster

NOPPE (N)

1 U, Häkelnd in die nächste M einstechen, Faden holen und durch die M ziehen, * 1 U, in dieselbe M einstechen, den Faden holen und durch die M ziehen; ab * 1 x wdh, den Faden holen und durch alle 7 Schlingen auf der Häkelnd ziehen, die N mit 1 Lm sichern.

AM R-BEGINN 2 STB ZUS ABM

2 Lm, 1 U, Häkelnd in die nächste M einstechen, Faden holen und durch die M ziehen (= 3 Schlingen auf der Häkelnd), Faden holen und durch die ersten 2 Schlingen auf der Häkelnd ziehen, Faden holen und durch die verbleibenden 2 Schlingen auf der Häkelnd ziehen.

2 STB ZUS ABM

* 1 U, Häkelnd in die nächste M einstechen, Faden holen und durch die M ziehen, Faden holen und durch die ersten 2 Schlingen auf der Häkelnd ziehen; ab * bei der nächsten M noch 1 x wdh, dann Faden holen und durch alle 3 Schlingen auf der Häkelnd ziehen.

2 HSTB ZUS ABM

* 1 U, Häkelnd in die nächste M einstechen, Faden holen und durch die M ziehen; ab * bei der nächsten M noch 1 x wdh, den Faden holen und durch alle 5 Schlingen auf der Häkelnd ziehen.

FM INS HMG HÄKELN

Für die fM nur unter dem hinteren Maschenglied einstechen.

HSTB INS HMG HÄKELN

Für das hStb nur unter dem hinteren Maschenglied einstechen.

ANSCHLAG-HSTB

3 Lm, 1 U, Häkelnd in die 3. Lm von der Häkelnd aus einstechen, Faden holen und durch die Lm ziehen (= 3 Schlingen auf der Häkelnd), Faden holen und durch 1 Schlinge ziehen (= 1 Lm), Faden holen und durch alle Schlingen auf der Häkelnd ziehen (= 1 Anschlag-hStb), * 1 U, die Häkelnd unter den 2 Mg der »Lm« des vorhergehenden Anschlag-hStb einstechen und den Faden durchholen, den Faden holen und durch 1 Schlinge ziehen (= 1 Lm), Faden holen und durch alle Schlingen auf der Häkelnd ziehen; ab * bis zur gewünschten Länge der Anschlag-R wdh.

HÄKELMUSTER A
(M-Zahl teilbar durch 18 + 9 M)

EINTEILUNGSREIHE: 3 Lm (hier und im Folg als Ersatz für 1 Stb), * je 1 Stb in die nächsten 3 M, 3 Lm, die nächste M übergehen **, je 1 Stb in die nächsten 14 M; ab * fortlfd wdh, den letzten Rapport bei ** beenden, je 1 Stb in die letzten 4 M häkeln; wenden.

1. REIHE: 3 Lm, * 1 Stb ins nächste Stb, 2 Lm, 1 fM in den nächsten 3-Lm-Bogen, 2 Lm, die nächsten 2 Stb übergehen **, je 1 Stb in die nächsten 12 Stb; ab * fortlfd wdh, den letzten Rapport bei ** beenden, je 1 Stb in die letzten 2 Stb; wenden.

2. REIHE: 3 Lm, * 1 Stb ins nächste Stb, 2 Stb in den nächsten 2-Lm-Bogen, 1 Stb in die nächste fM, 2 Stb in den nächsten 2-Lm-Bogen **, je 1 Stb in die nächsten 6 Stb, 3 Lm, das nächste Stb übergehen, je 1 Stb in die nächsten 5 Stb; ab * fortlfd wdh, letzten Rapport bei ** beenden, je 1 Stb in die letzten 2 Stb; wenden.

3. REIHE: 3 Lm, * je 1 Stb in die nächsten 10 Stb, 2 Lm, die nächsten 2 Stb übergehen, 1 fM in den nächsten 3-Lm-Bogen, 2 Lm, die nächsten 2 Stb übergehen, je 1 Stb in die nächsten 3 Stb; ab * fortlfd wdh, enden mit je 1 Stb in die letzten 8 Stb; wenden.

4. REIHE: 3 Lm, * je 1 Stb in die nächsten 3 Stb, 3 Lm, das nächste Stb übergehen **, je 1 Stb in die nächsten 6 Stb, 2 Stb in den nächsten 2-Lm-Bogen, 1 Stb in die nächste fM, 2 Stb in den nächsten 2-Lm-Bogen, je 1 Stb in die nächsten 3 Stb; ab * fortlfd wdh, letzten Rapport bei ** beenden, je 1 Stb in die nächsten 4 Stb; wenden.

1.–4. R stets wdh.

HÄKELMUSTER B
(M-Zahl teilbar durch 8 + 1 M)

EINTEILUNGSREIHE: 1 Lm, 1 fM in die 1. M, * nächste 3 M übergehen, 2 Lm, [1 N, 2 Lm, 1 N] in die nächste M, 2 Lm, die nächsten 3 M übergehen, 1 fM in die nächste M; ab * fortlfd wdh, wenden.

1. REIHE: 2 Lm, 1 Stb in den 2-Lm-Bogen, * 2 Lm, * [1 N, 2 Lm, 1 N] in den nächsten 2-Lm-Bogen zwischen 2 N, 2 Lm **, über den nächsten 2-Lm-Bogen 2 Stb zus abm; ab * fortlfd wdh, letzten Rapport bei ** beenden, dann über dem nächsten 2-Lm-Bogen und der letzten fM 2 Stb zus ab; wenden.

2. REIHE: 4 Lm (hier und im Folg als Ersatz für 1 Stb + 1 Lm), 1 N ins Abmaschglied der 2 zus abgem Stb, * 2 Lm, den nächsten 2-Lm-Bogen übergehen, 1 fM in den nächsten 2-Lm-Bogen zwischen 2 N, 2 Lm, den nächsten 2-Lm-Bogen übergehen **, [1 N, 2 Lm, 1 N] ins Abmaschglied der nächsten 2 zus abgem Stb; ab * fortlfd wdh, letzten Rapport bei ** beenden, [1 N, 1 Lm, 1 Stb] ins letzte Stb; wenden.

3. REIHE: 4 Lm, 1 N in den ersten 1-Lm-Bogen, 2 Lm, * über den nächsten beiden 2-Lm-Bogen 2 Stb zus abm, 2 Lm **, [1 N, 2 Lm, 1 N] in den 2-Lm-Bogen zwischen 2 N, 2 Lm; ab * fortlfd wdh, letzten Rapport bei ** beenden, [1 N, 1 Lm, 1 Stb] in den letzten 1-Lm-Bogen; wenden.

4. REIHE: 1 Lm, 1 fM ins 1. Stb, * 2 Lm, den nächsten 2-Lm-Bogen übergehen, [1 N, 2 Lm, 1 N] ins Abmaschglied der nächsten 2 zus abgem Stb, 2 Lm den nächsten 2-Lm-Bogen übergehen **, 1 fM in den nächsten 2-Lm-Bogen zwischen 2 N; ab * fortlfd wdh, letzten Rapport bei ** beenden, 1 fM in die 3. der 4 Anfangs-Lm, wenden.

1.–4. R stets wdh.

HÄKELMUSTER C
(M-Zahl teilbar durch 2 + 1 M)

1. REIHE (HINR): Über den ersten 2 M 2 Stb zus abm, * 1 fM ins hMg der nächsten M, 1 Stb in beide Mg der nächsten M; ab * fortlfd wdh bis zu den letzten 3 M, 1 fM ins hMg der nächsten M, dann über den letzten 2 M 2 Stb zus abm (jeweils unter beiden Mg einstechen); wenden.

2. REIHE: Am R-Beginn über den 1. 2 M 2 Stb zus abm, 1 Stb in jede folg M bis zu den letzten 2 M, über den letzten 2 M 2 Stb zus abm; wenden.

1. und 2. R stets wdh.

Hinweis

Dies ist ein Oberteil in der Art eines Ponchos. Arbeiten Sie ein Rechteck aus 2 Abschnitten in 2 Häkelmustern. Dann häkeln Sie Teil C von der Kante des Rechtecks aus. Der Rechteckteil (= die Hälfte des Körpers) ist bei der kleineren Größe 12,5 cm schmaler als bei der größeren. Ich habe viele Menschen mit unterschiedlichen Größen gebeten, dieses Modell anzuprobieren. Die kleinere Größe passt Frauen, die Größe S–L tragen, die größere Frauen mit Konfektionsgröße XL–XXL

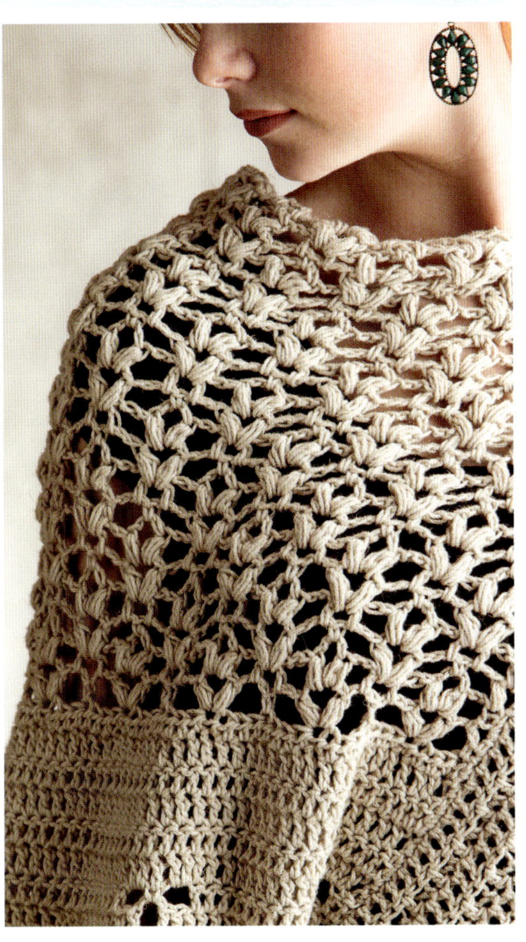

Anleitung

TEIL A

1. REIHE (HINR): 81/99 Anschlag-hStb arb (siehe »Maschen & Muster«).

2.–6. REIHE: 3 Lm (hier und im Folg als Ersatz für 1 Stb), die 1. M übergehen, 1 Stb in jede folg M bis R-Ende; wenden (= 81/99 Stb).

7.–16. REIHE: Im Häkelmuster A weiterarb, dabei die Einteilungs-R arb, dann die 1.–4. R 2 x arb und die 1. R noch 1 x arb.

17. REIHE: 3 Lm, * 1 Stb ins nächste Stb, 2 Stb in den nächsten 2-Lm-Bogen, 1 Stb in die nächste fM, 2 Stb in den nächsten 2-Lm-Bogen **, je 1 Stb in die nächsten 12 Stb; ab * fortlfd wdh, letzten Rapport bei ** beenden, je 1 Stb in die nächsten 2 Stb; wenden.

NUR GRÖSSE S–L

22. REIHE: 2 Lm (für 1 hStb), das 1. Stb übergehen, 1 hStb in jedes folg Stb bis R-Ende.

NUR GRÖSSE XL–XXL

22. REIHE: 1 Lm (zählt nicht als M), 1 hStb in die nächste M (zählt als 2 zus abgem hStb), 1 hStb in jedes folg Stb bis zu den letzten 2 M, über den letzten 2 M 2 hStb zus abm (= 97 M).

Hinweis: *Am Ende des Teils A wird für Größe XL–XXL beidseitig jeweils 1 M abgenommen, um die M-Einteilung für Häkelmuster B vorzubereiten. Teil A und Teil B unterscheiden sich in der Breite etwas. Diesen Unterschied können Sie gegebenenfalls beim Spannen des Modells ausgleichen.*

Faden nicht abschneiden, sondern Teil B arb wie folgt:

TEIL B

1. REIHE (HINR): Die Einteilungs-R des Musters B arb.

2.–22. REIHE: Die 1.–4. R von Muster B 5 x arb, dann die 1. R noch 1 x arb.

23. REIHE: 1 Lm, 1 fM in die 1. M, * 2 fM in den nächsten 2-Lm-Bogen, 4 fM in den nächsten 2-Lm-Bogen zwischen 2 N, 2 fM in den nächsten 2-Lm-Bogen; ab * fortlfd wdh, enden mit je 1 fM ins Abmaschglied der letzten 2 zus abgem DStb.
Faden abschneiden und sichern.

Zeichenerklärung

= 1 Luftmasche (Lm)
= 1 Kettmasche (Km)
= 1 feste Masche (fM)
= 1 Stäbchen (Stb)
= am R-Beginn 2 Stbzus abm
= 2 Stb zus abm
= 1 Noppe (N)
= nur unter dem hMg einstechen

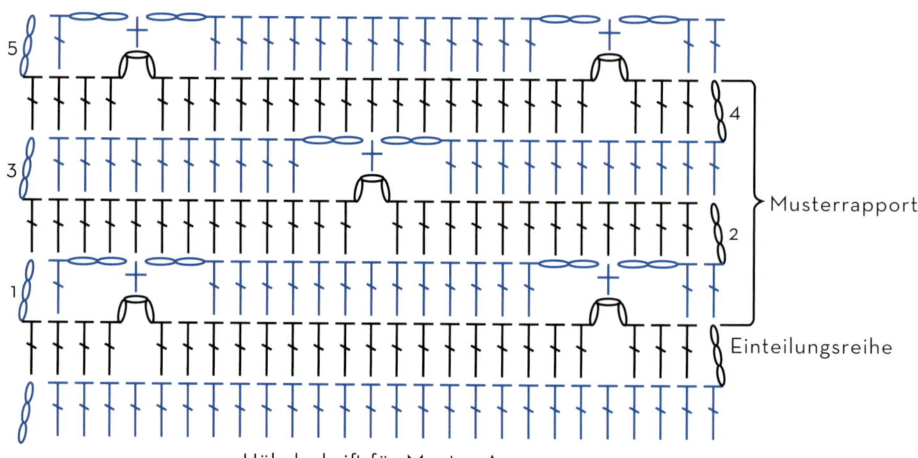

Häkelschrift für Muster A

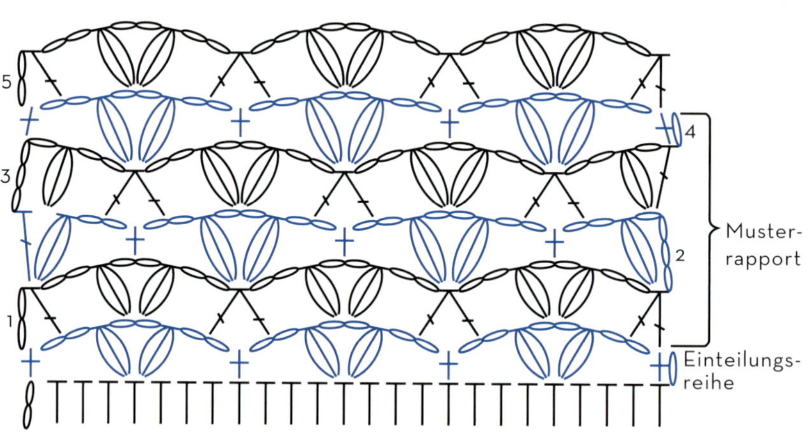

Häkelschrift für Muster B

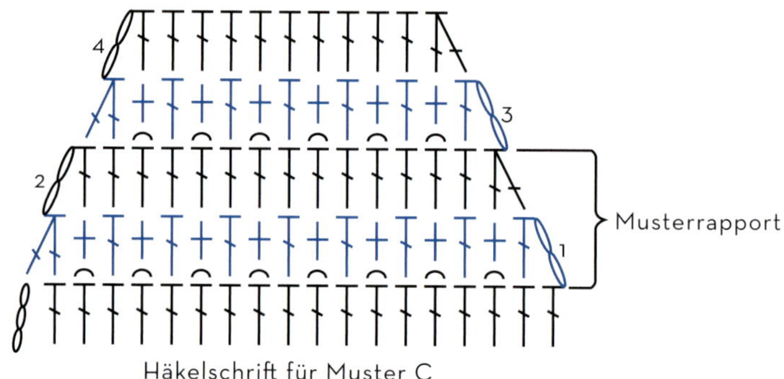

Häkelschrift für Muster C

Die Häkelschriften zeigen jeweils nur einen Teil der Maschen; Rest sinngemäß ergänzen.

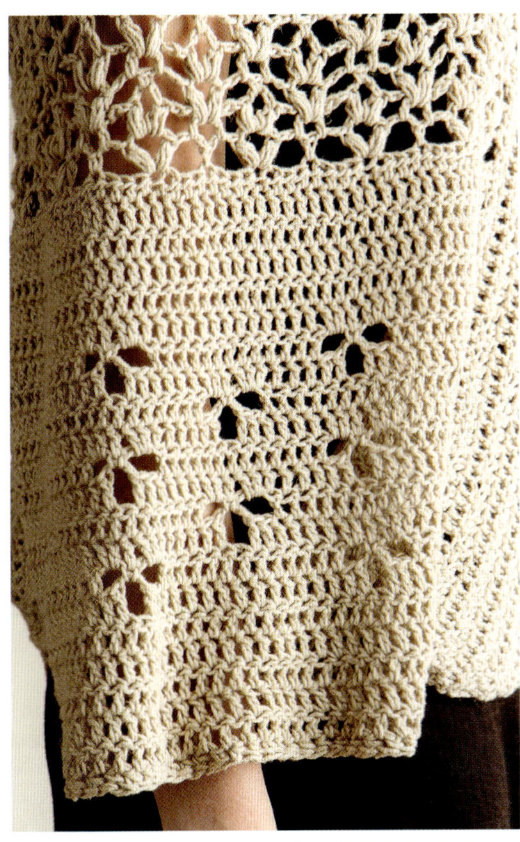

TEIL C

Das Häkelteil der Länge nach mittig zusammenlegen (Abb. 1 auf S. 24).

1. REIHE: Nun in die Rand-M an der Seitenkante von Teil A und B häkeln wie folgt: Den Faden an der 1. M am Ende der 1. R anschlingen (Abb. 2 auf Seite 24), 1 Lm, 39 fM gleichmäßig verteilt über die Kante von Teil A häkeln, dann 39 fM gleichmäßig verteilt über die Kante von Teil B bis zur Ecke B häkeln. Faden nicht abschneiden. Beim gefalteten Häkelteil die letzte R von Teil B übergehen und beim 1. R-Ende an Ecke C beginnend 39 fM gleichmäßig verteilt über die andere Seitenkante von Teil B häkeln, dann 39 fM gleichmäßig verteilt über die Seitenkante von Teil A häkeln; an Ecke D enden und die Arbeit wenden (= 156 fM; Abb. 2 auf Seite 24).

2. REIHE: 3 Lm (für 1 Stb), die 1. fM übergehen, 1 Stb in jede fM bis R-Ende; wenden.

3.–42. REIHE: Im Häkelmuster C weiterarb, dabei die 1. und 2. R 20 x arb (= 76 M am Ende der letzten R).

43. REIHE: 2 Lm (für 1 hStb), die 1. M übergehen, 1 hStb ins hMg jedes folg Stb bis R-Ende.

Faden abschneiden und sichern.

FERTIGSTELLUNG

Die offene Kante von Teil B bildet den Halsausschnitt. Die Ecken des Halsausschnitts beim Vernähen der Fäden mit einigen Stichen sichern.

Die offene Kante von Teil A bis auf eine etwa 20,5 cm lange Öffnung für den Arm zusammennähen (Abb. 3 auf Seite 24).

Wenn Sie möchten, dass das Modell am Körper besonders locker sitzt, diese Naht nicht schließen. Andernfalls 20,5 cm für den Arm offen lassen und für das Bündchen 6-13 mm zusammennähen.

Die offene Armausschnittkante von Teil C bis auf ein 20,5 cm langes Stück zunähen (Abb. 3 auf Seite 24).

Fadenenden vernähen.

Das Modell vorsichtig von Hand waschen, in ein Handtuch einrollen, um möglichst viel Wasser herauszudrücken, und flach ausgebreitet trocknen lassen.

Abb. 1

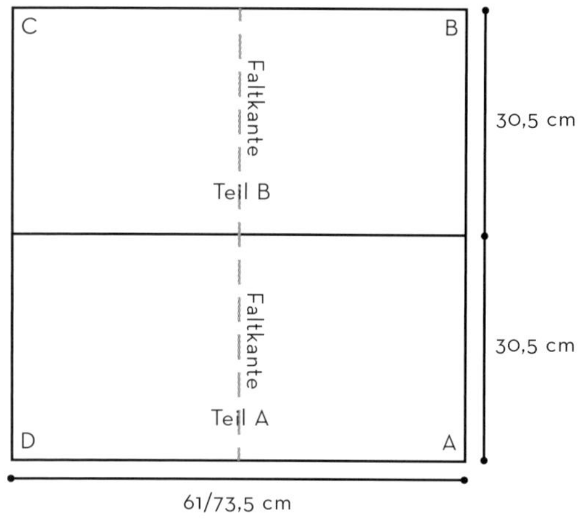

C B
Faltkante
Teil B
30,5 cm
Faltkante
Teil A
30,5 cm
D A
61/73,5 cm

Abb. 2

59,5 cm
Teil C
54,5 cm
D C B A
Teil A
Teil B
Halsausschnitt
Teil B
Teil A
30,5 cm
Faltkante
Faltkante

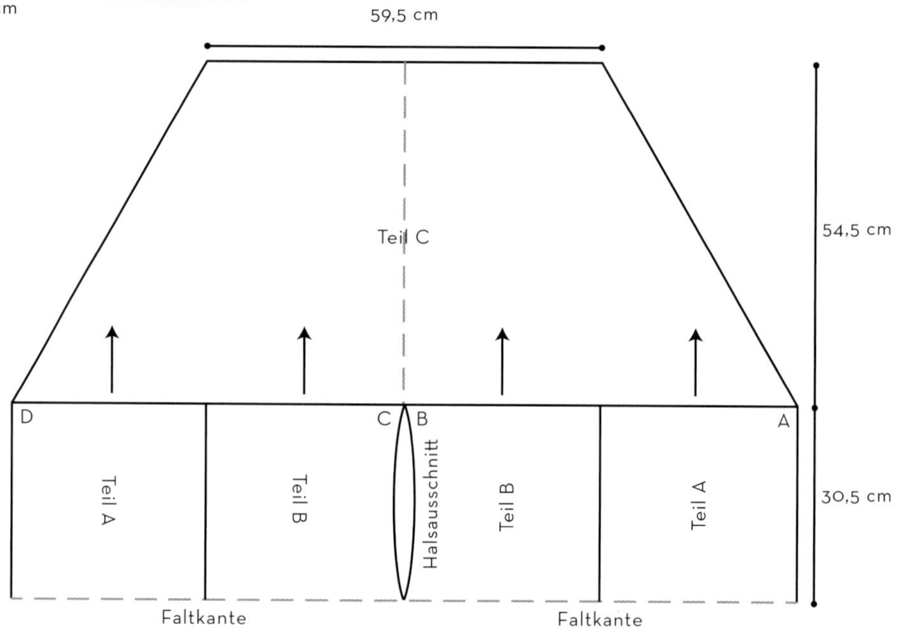

Abb. 3

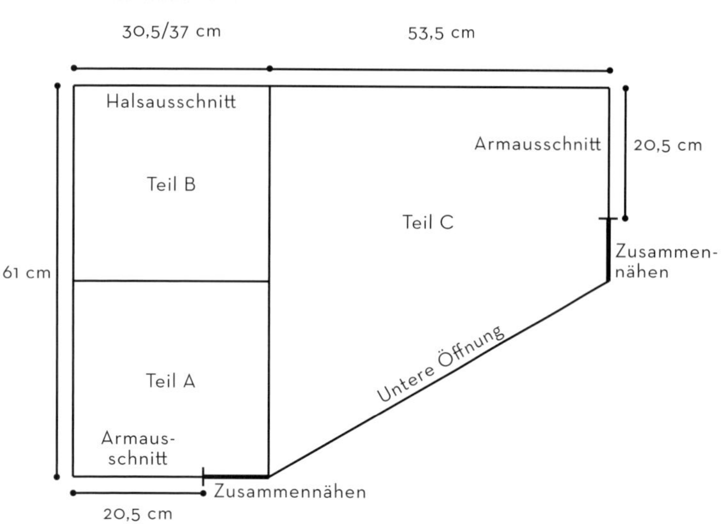

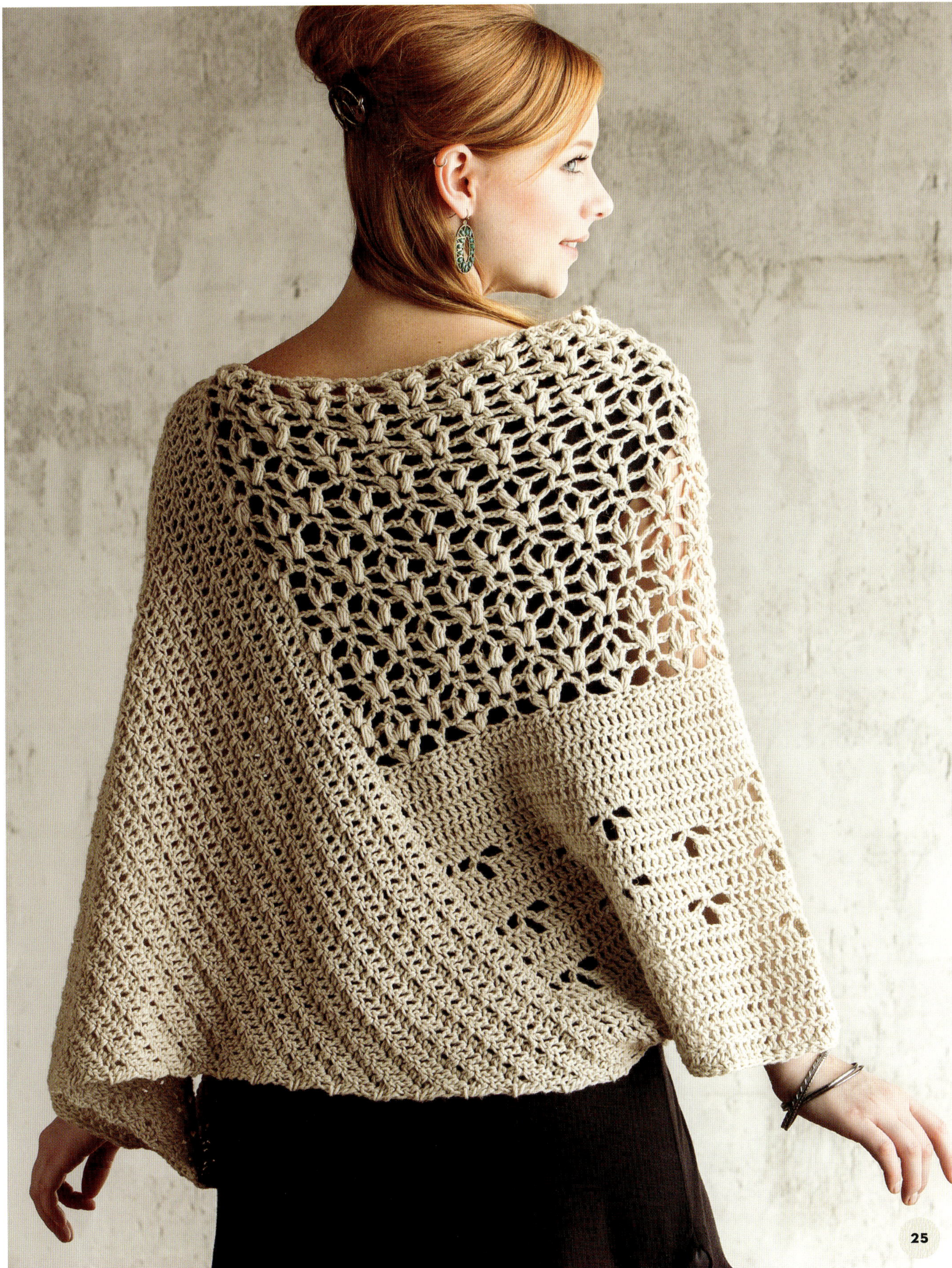

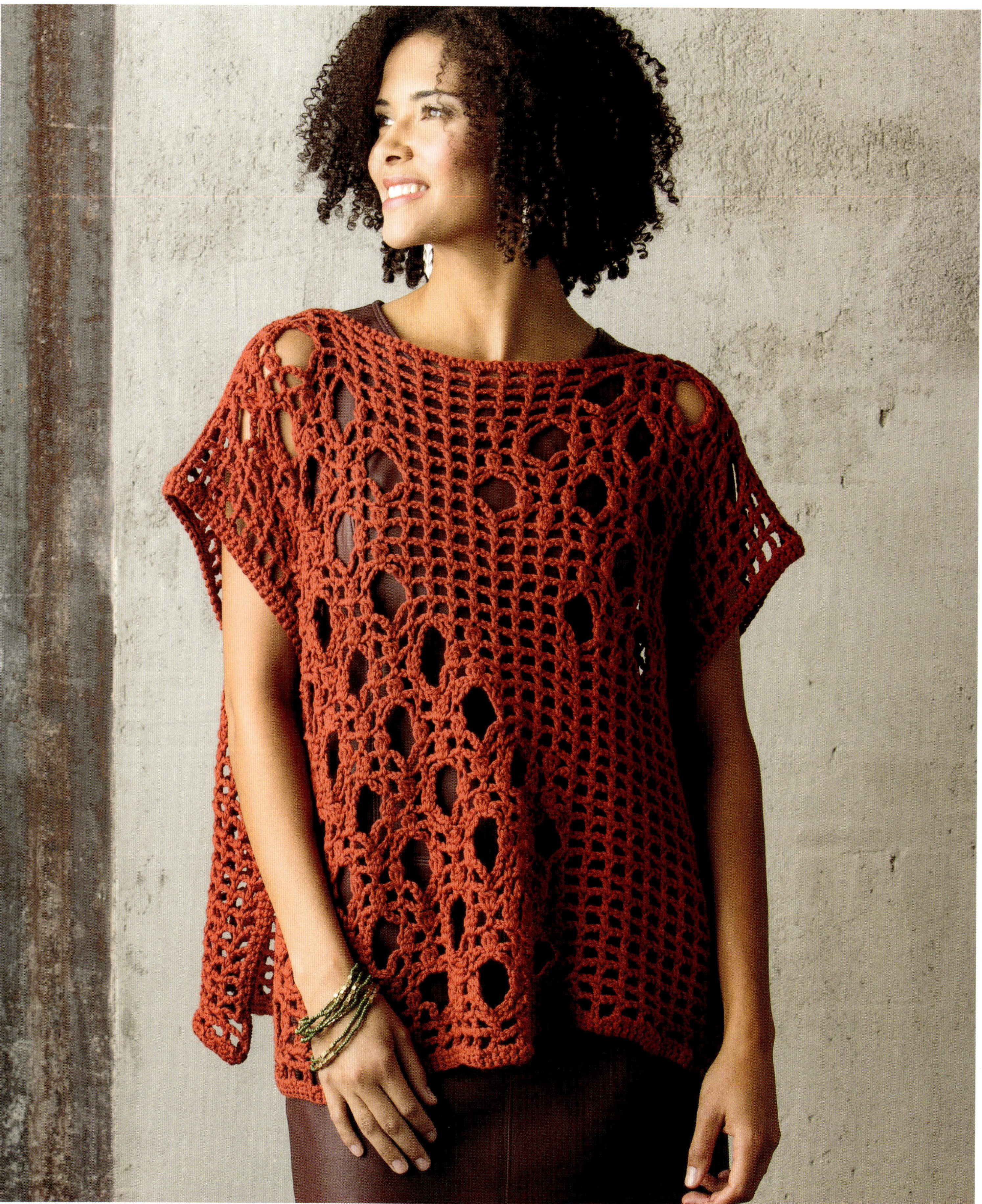

GRÖSSE
S-L (XL-XXL)

Weite 70/77,5 cm, Länge 61/65 cm (flach ausgebreitet gemessen)

Die Angaben für Größe S-L stehen vor dem Schrägstrich, die für Größe XL-XXL dahinter. Steht nur eine Angabe, so gilt sie für beide Größen.

MATERIAL & ZUBEHÖR

Garn

Universal Yarn Cotton Supreme (100 % Baumwolle; LL 165 m/100 g) in Brick (Fb 508), 400/500 g.

Häkelnadel

5,5 mm

Wählen Sie gegebenenfalls eine dickere oder dünnere Häkelnadel, um die angegebene Maschenprobe zu erzielen.

Zubehör

Wollnadel, Maschenmarkierer

MASCHENPROBE

15 M (5 Quadrate) und 6 R des Netzgrundes = 10 cm x 10 cm

BRÜCKEN*struktur*

Ich liebe Kreise, und als ich dieses Kreismuster fand, war mir gleich klar, dass ich ein Modell dazu entwerfen wollte. Mit den kleinen Netzquadraten entsteht ein perfektes Gleichgewicht zwischen runden und quadratischen Formen. Wer würde beim Anblick dieses Musters nicht an Brücken denken? Statt mit einem Faden des angegebenen Garns zu häkeln, können Sie auch ein dünneres Garn mit doppeltem Faden verarbeiten, dann wirkt die Häkelarbeit leichter und bekommt mehr Struktur.

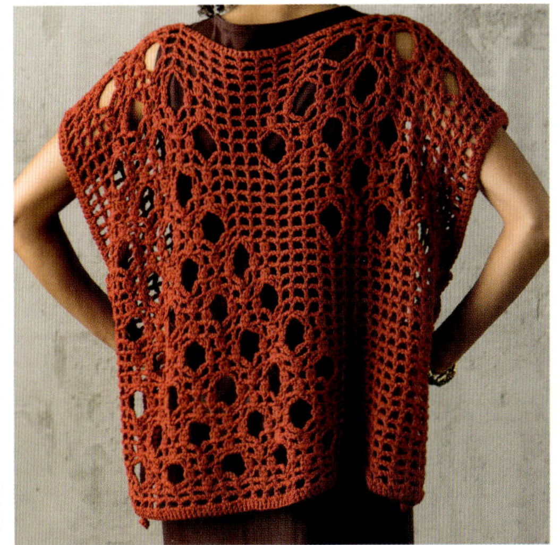

Hinweis

Arbeiten Sie zwei Rechtecke, die Sie an den Schultern zusammennähen. Die Seiten werden durch eine Schnürung mit einem Häkelband geschlossen, das durch die Seitenkanten von Vorder- und Rückenteil gefädelt wird. Wer mag, kann stattdessen die Seitennähte aber auch wie gewohnt schließen.

Maschen & Muster

3-STÄBCHEN-BÜSCHELMASCHE (3-STB-BM)

1 U, die Häkelnd in die M einstechen, den Faden holen und durch die M ziehen, den Faden holen und durch 2 Schlingen auf der Häkelnd ziehen, * 1 U, die Häkelnd in dieselbe M einstechen, Faden holen und durch die M ziehen, Faden holen und durch die ersten 2 Schlingen auf der Häkelnd ziehen; ab * noch 1 x wdh, Faden holen und durch alle 4 Schlingen auf der Häkelnd ziehen.

NETZMUSTER

(M-Zahl teilbar durch 3 + 1 M)

MASCHENANSCHLAG: Eine durch 3 teilbare Zahl von Lm anschl.

EINTEILUNGSREIHE: 5 Lm (für 1 Stb + 2 Lm), 1 Stb in die 8. Lm von der Häkelnd aus, * 2 Lm, die nächsten 2 Lm übergehen, 1 Stb in die nächste Lm; ab * fortlfd wdh bis R-Ende; wenden.

1. REIHE: 3 Lm (für 1 Stb), * 2 Lm, 1 Stb ins nächste Stb; ab * fortlfd wdh bis R-Ende; wenden.

1. R stets wdh.

Anleitung

VORDER- UND RÜCKENTEIL

(2 x arb.)

99/111 Lm anschl und die Einteilungs-R des Netzmusters arb (siehe »Maschen & Muster«; = 33/37 Karos), dann die 1. R des Netzmusters 1/3 x arb.

Hinweis: *Wenn Ihr Oberteil länger werden soll, die 1. R des Netzmusters entsprechend oft wdh.*

Nun in einer Kombination aus Netzmuster und Kreismuster weiterhäkeln. Zwischen Netzmuster und Kreismuster MM einhängen und jedes Mal zur neuen R versetzen, wenn Sie eine markierte M häkeln.

Hinweis: *In der Anleitung steht nicht »den nächsten 2-Lm-Bogen« übergehen, sondern alle 2-Lm-Bogen müssen übergangen werden. Wenn in der Anleitung »in die nächste M häkeln« steht, muss der nächste 2-Lm-Bogen übergangen und ins nächste Stb, die nächste 3-Stb-Bm oder fM eingestochen werden.*

1. REIHE (HINR): 3 Lm (hier und im Folg als Ersatz für 1 Stb), * 2 Lm, 1 Stb ins nächste Stb *; von * bis * noch 2/3 x wdh, das zuletzt gehäkelte Stb mit 1 MM kennzeichnen, 4 x [4 Lm, 1 fM in die nächste M, 4 Lm, 1 Stb in die nächste M, 2 Lm, 3-Stb-Bm in die nächste M, 2 Lm, 1 Stb in die nächste M], 4 Lm, 1 fM in die nächste M, 4 Lm, 1 Stb in die nächste M, MM einhängen; von * bis * fortlfd wdh bis R-Ende; wenden.

2. REIHE: 3 Lm, * 2 Lm, 1 Stb in die nächste M *; von * bis * fortlfd wdh bis zum 1. MM (das zuletzt gehäkelte Stb ist die markierte M) und den MM ins zuletzt gehäkelte Stb einhängen, 4 x [8 Lm, die nächste fM übergehen, 3-Stb-Bm in die nächste M, 2 Lm, 1 Stb in die nächste M, 2 Lm, 3-Stb-Bm in die nächste M], 8 Lm, die nächste fM übergehen, 1 Stb in die nächste M, den 2. MM ins soeben gehäkelte Stb einhängen; von * bis * fortlfd wdh bis R-Ende; wenden.

Hinweis: *Die MM weiter von R zu R neu einhängen, wie oben beschrieben.*

3. REIHE: 3 Lm, * 2 Lm, 1 Stb in die nächste M *; von * bis * fortlfd wdh bis zum 1. MM, 4 x [2 Lm, 1 fM in den nächsten 8-Lm-Bogen, 2 Lm, 1 Stb in die nächste M, 2 Lm, 3-Stb-Bm in die nächste M, 2 Lm, 1 Stb in die nächste M], 2 Lm, 1 fM in den nächsten 8-Lm-Bogen; von * bis * fortlfd wdh bis R-Ende; wenden.

4. REIHE: 3 Lm, * 2 Lm, 1 Stb in die nächste M *; von * bis * fortlfd wdh bis zum 1. MM, 4 x [2 Lm, 3-Stb-Bm in die nächste M, 2 Lm, 1 Stb in die nächste M, 4 Lm, 1 fM in die nächste M, 4 Lm, 1 Stb in die nächste M], 2 Lm, 3-Stb-Bm in die nächste M; von * bis * fortlfd wdh bis R-Ende; wenden.

5. REIHE: 3 Lm, * 2 Lm, 1 Stb in die nächste M *; von * bis * fortlfd wdh bis 1. MM, 4 x [2 Lm, 1 Stb in die nächste M, 2 Lm, 3-Stb-Bm in die nächste M, 8 Lm, nächste fM übergehen, 3-Stb-Bm in die nächste M]; von * bis * fortlfd wdh bis R-Ende; wenden.

6. REIHE: 3 Lm, * 2 Lm, 1 Stb in die nächste M *; von * bis * fortlfd wdh bis zum 1. MM, 4 x [2 Lm, 3-Stb-Bm in die nächste M, 2 Lm, 1 Stb in die nächste M, 2 Lm, 1 fM in den nächsten 8-Lm-Bogen, 2 Lm, 1 Stb in die nächste M], 2 Lm, 3-Stb-Bm in die nächste M; von * bis * fortlfd wdh bis R-Ende; wenden.

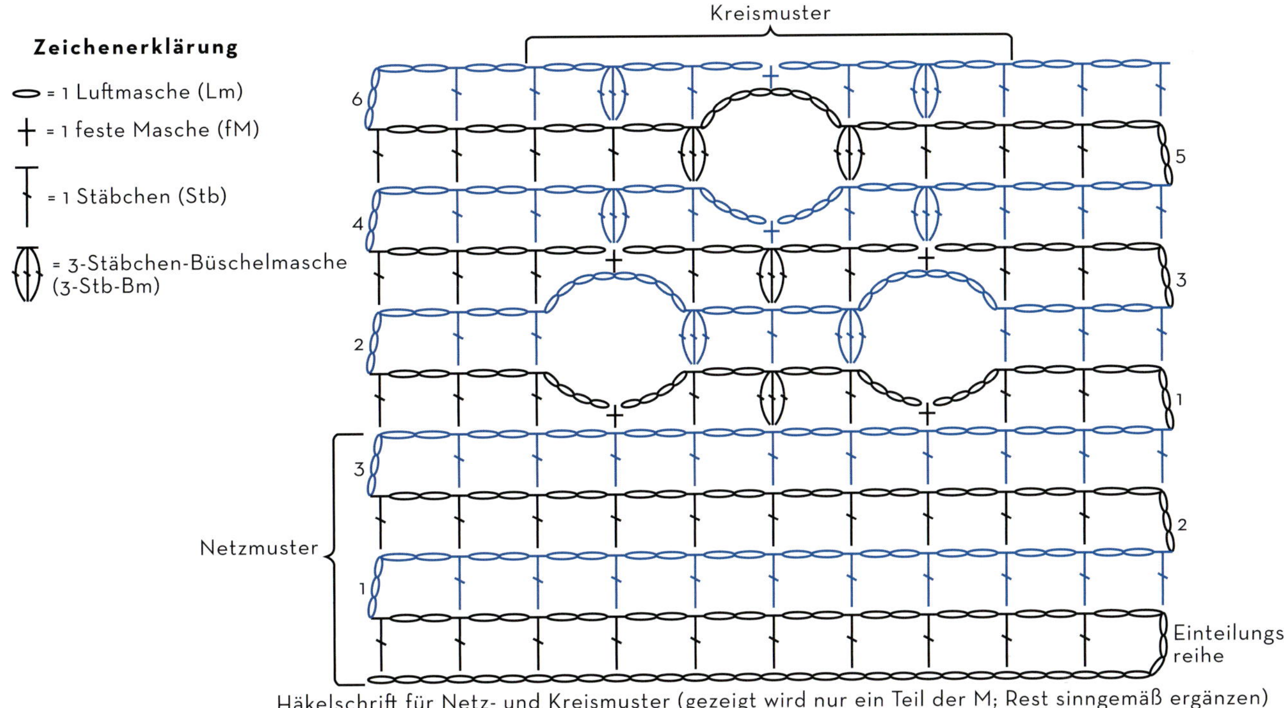

Häkelschrift für Netz- und Kreismuster (gezeigt wird nur ein Teil der M; Rest sinngemäß ergänzen)

7.–12. REIHE: Die 1.–6. R wdh.

13. REIHE: 3 Lm, * 2 Lm, 1 Stb in die nächste M *; von * bis * fortlfd wdh bis 1. MM, 3 x [4 Lm, 1 fM in die nächste M, 4 Lm, 1 Stb in die nächste M, 2 Lm, 3-Stb-Bm in die nächste M, 2 Lm, 1 Stb in die nächste M], 4 Lm, 1 fM in die nächste M, 4 Lm, 1 Stb in die nächste M, MM einhängen (2. MM neu einhängen); von * bis * fortlfd wdh bis R-Ende; wenden.

14. REIHE: 3 Lm, * 2 Lm, 1 Stb in die nächste M *; von * bis * fortlfd wdh bis zum 1. MM, 3 x [8 Lm, die nächste fM übergehen, 3-Stb-Bm in die nächste M, 2 Lm, 1 Stb in die nächste M, 2 Lm, 3-Stb-Bm in die nächste M], 8 Lm, die nächste fM übergehen, 1 Stb in die nächste M; von * bis * fortlfd wdh bis R-Ende; wenden.

15. REIHE: 3 Lm, * 2 Lm, 1 Stb in die nächste M *; von * bis * fortlfd wdh bis zum 1. MM, 3 x [2 Lm, 1 fM in den nächsten 8-Lm-Bogen, 2 Lm, 1 Stb in die nächste M, 2 Lm, 3-Stb-Bm in die nächste M, 2 Lm, 1 Stb in die nächste M], 2 Lm, 1 fM in den nächsten 8-Lm-Bogen; von * bis * fortlfd wdh bis R-Ende; wenden.

16. REIHE: 3 Lm, * 2 Lm, 1 Stb in die nächste M *; von * bis * fortlfd wdh bis zum 1. MM, 3 x [2 Lm, 1 Stb in die nächste M, 2 Lm, 3-Stb-Bm in die nächste M, 8 Lm, die nächste fM übergehen, 3-Stb-Bm in die nächste M]; von * bis * fortlfd wdh bis R-Ende; wenden.

17. REIHE: 3 Lm, * 2 Lm, 1 Stb in die nächste M *; von * bis * fortlfd wdh bis 1. MM, 3 x [2 Lm, 1 Stb in die nächste M, 2 Lm, 3-Stb-Bm in die nächste M, 8 Lm, nächste fM übergehen, 3-Stb-Bm in die nächste M]; von * bis * fortlfd wdh bis R-Ende; wenden.

18. REIHE: 3 Lm, * 2 Lm, 1 Stb in die nächste M *; von * bis * fortlfd wdh bis 1. MM, 3 x [2 Lm, 3-Stb-Bm in die nächste M, 2 Lm, 1 Stb in die nächste M, 2 Lm, 1 fM in den nächsten 8-Lm-Bogen, 2 Lm, 1 Stb in die nächste M], 2 Lm, 3-Stb-Bm in die nächste M; von * bis * fortlfd wdh bis R-Ende; wenden.

19. REIHE: 3 Lm, * 2 Lm, 1 Stb in die nächste M *; von * bis * fortlfd wdh bis 1. MM, 2 x [4 Lm, 1 fM in die nächste M, 4 Lm, 1 Stb in die nächste M, 2 Lm, 3-Stb-Bm in die nächste M, 2 Lm, 1 Stb in die nächste M], 4 Lm, 1 fM in die nächste M, 4 Lm, 1 Stb in die nächste M, MM einhängen (den 2. MM von der Vorr versetzen), 7 x [2 Lm, 1 Stb

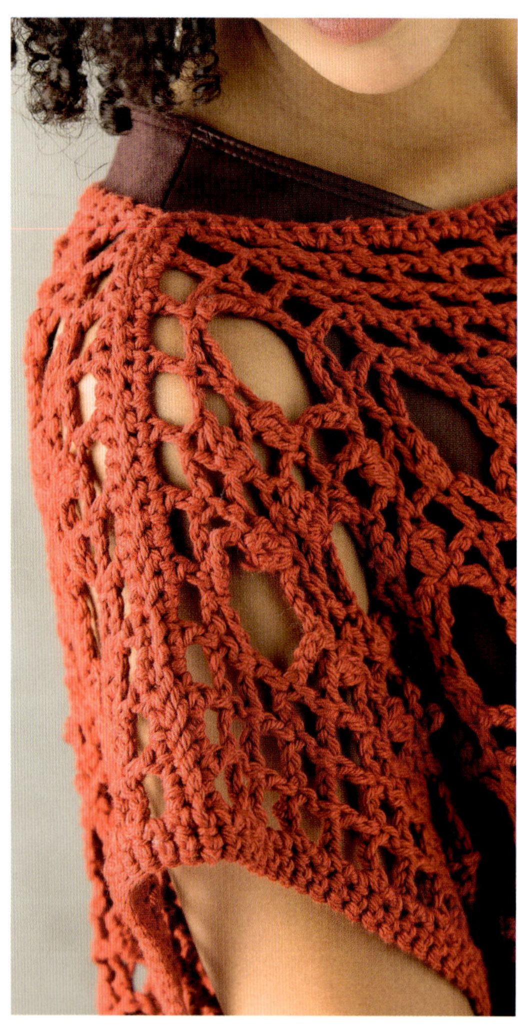

in die nächste M], MM einhängen (= neuer 3. MM), 2 x [4 Lm, 1 fM in die nächste M, 4 Lm, 1 Stb in die nächste M, 2 Lm, 3-Stb-Bm in die nächste M, 2 Lm, 1 Stb in die nächste M], 4 Lm, 1 fM in die nächste M, 4 Lm, 1 Stb in die nächste M, MM einhängen (= neuer 4. MM]; von * bis * fortlfd wdh bis R-Ende; wenden (= insgesamt 4 MM in der Häkelarbeit).

20. REIHE: 3 Lm, * 2 Lm, 1 Stb in die nächste M *; von * bis * fortlfd wdh bis 1. MM, 2 x [8 Lm, die nächste fM übergehen, 3-Stb-Bm in die nächste M, 2 Lm, 1 Stb in die nächste M, 2 Lm, 3-Stb-Bm in die nächste M], 8 Lm, die nächste fM übergehen, 1 Stb in die nächste M; von * bis * fortlfd wdh bis zum nächsten MM, 2 x [8 Lm, die nächste fM übergehen, 3-Stb-Bm in die nächste M, 2 Lm, 1 Stb in die nächste M, 2 Lm, 3-Stb-Bm in die nächste M], 8 Lm, nächste fM übergehen, 1 Stb in nächste M; von * bis * fortlfd wdh bis R-Ende; wenden.

21. REIHE: 3 Lm, * 2 Lm, 1 Stb in die nächste M *; von * bis * fortlfd wdh bis 1. MM, 2 x [2 Lm, 1 fM in den nächsten 8-Lm-Bogen, 2 Lm, 1 Stb in die nächste M, 2 Lm, 3-Stb-Bm in die nächste M, 2 Lm, 1 Stb in die nächste M], 2 Lm, 1 fM in den nächsten 8-Lm-Bogen; von * bis * fortlfd wdh bis zum nächsten MM, 2 x [2 Lm, 1 fM in den nächsten 8-Lm-Bogen, 2 Lm, 1 Stb in die nächste M, 2 Lm, 3-Stb-Bm in die nächste M, 2 Lm, 1 Stb in die nächste M], 2 Lm, 1 fM in den nächsten 8-Lm-Bogen; von * bis * fortlfd wdh bis R-Ende; wenden.

22. REIHE: 3 Lm, * 2 Lm, 1 Stb in die nächste M *; von * bis * fortlfd wdh bis 1. MM, 2 x [2 Lm, 3-Stb-Bm in die nächste M, 2 Lm, 1 Stb in die nächste M, 4 Lm, 1 fM in die nächste M, 4 Lm, 1 Stb in die nächste M], 2 Lm, 3-Stb-Bm in die nächste M, 2 Lm; von * bis * fortlfd wdh bis zum nächsten MM, 2 x [2 Lm, 3-Stb-Bm in die nächste M, 2 Lm, 1 Stb in die nächste M, 4 Lm, 1 fM in die nächste M, 4 Lm, 1 Stb in die nächste M], 2 Lm, 3-Stb-Bm in die nächste M; von * bis * fortlfd wdh bis R-Ende; wenden.

23. REIHE: 3 Lm, * 2 Lm, 1 Stb in die nächste M *; von * bis * fortlfd wdh bis 1. MM, 2 x [2 Lm, 1 Stb in die nächste M, 2 Lm, 3-Stb-Bm in die nächste M, 8 Lm, die nächste fM übergehen, 3-Stb-Bm in die nächste M]; von * bis * fortlfd wdh bis zum nächsten MM, 2 x [2 Lm, 1 Stb in die nächste M, 2 Lm, 3-Stb-Bm in die nächste M, 8 Lm, die nächste fM übergehen, 3-Stb-Bm in die nächste M]; von * bis * fortlfd wdh bis R-Ende; wenden.

24. REIHE: 3 Lm, * 2 Lm, 1 Stb in die nächste M *; von * bis * fortlfd wdh bis 1. MM, 2 x [2 Lm, 3-Stb-Bm in die nächste M, 2 Lm, 1 Stb in die nächste M, 2 Lm, 1 fM in den nächsten 8-Lm-Bogen, 2 Lm, 1 Stb in die nächste M], 2 Lm, 3-Stb-Bm in die nächste M; von * bis * fortlfd wdh bis zum nächsten MM, 2 x [2 Lm, 3-Stb-Bm in die nächste M, 2 Lm, 1 Stb in die nächste M, 2 Lm, 1 fM in den nächsten 8-Lm-Bogen, 2 Lm, 1 Stb in die nächste M], 2 Lm, 3-Stb-Bm in die nächste M; von * bis * fortlfd wdh bis R-Ende; wenden.

25. REIHE: 3 Lm, * 2 Lm, 1 Stb in die nächste M *; von * bis * fortlfd wdh bis 1. MM, 2 x [4 Lm, 1 fM in die nächste M, 4 Lm, 1 Stb in die nächste M, 2 Lm, 3-Stb-Bm in die nächste M, 2 Lm, 1 Stb in die nächste M], 4 Lm, 1 fM in die nächste M, 4 Lm, 1 Stb in die nächste M, 3 x [2 Lm, 1 Stb in die nächste M], MM einhängen (den 3. MM versetzen), 2 x [4 Lm, 2 fM in die nächste M, 4 Lm, 1 Stb in die nächste M, 2 Lm, 3-Stb-Bm in die nächste M, 2 Lm, 1 Stb in die nächste M], 4 Lm, 1 fM in die nächste M, 4 Lm, 1 Stb in die nächste M, MM einhängen (den 4. MM versetzen); von * bis * fortlfd wdh bis R-Ende; wenden.

26.–30. REIHE: Die 20.–24. R wdh.

31. REIHE: 3 Lm, * 2 Lm, 1 Stb in die nächste M *; von * bis * fortlfd wdh bis 1. MM, 4 Lm, 1 fM in die nächste M, 4 Lm, 1 Stb in die nächste M, 2 Lm, 3-Stb-Bm in die nächste M, 2 Lm, 1 Stb in die nächste M, 4 Lm, 1 fM in die nächste M, 4 Lm, 1 Stb in die nächste M, MM einhängen (den 2. MM versetzen), 11 x [2 Lm, 1 fM in nächste M], MM einhängen (den 3. MM versetzen), 2 x [4 Lm, 1 fM in die nächste M, 4 Lm, 1 Stb in die nächste M, 2 Lm, 3-Stb-Bm in die nächste M, 2 Lm, 1 Stb in die nächste M], 4 Lm, 1 fM in die nächste M, 4 Lm, 1 Stb in die nächste M, MM einhängen (4. MM versetzen); von * bis * fortlfd wdh bis R-Ende; wenden.

32. REIHE: 3 Lm, * 2 Lm, 1 Stb in die nächste M *; von * bis * fortlfd wdh bis 1. MM, 2 x [8 Lm, die nächste fM übergehen, 3-Stb-Bm in die nächste M, 2 Lm, 1 Stb in die nächste M, 2 Lm, 3-Stb-Bm in die nächste M], 8 Lm, die nächste fM übergehen, 1 Stb in die nächste M; von * bis * fortlfd wdh bis zum nächsten MM, 8 Lm, die nächste fM übergehen, 3-Stb-Bm in die nächste M, 2 Lm, 1 Stb in die nächste M, 2 Lm, 3-Stb-Bm in die nächste M, 8 Lm, die nächste fM übergehen, 1 Stb in die nächste M; von * bis * fortlfd wdh bis R-Ende; wenden.

33. REIHE: 3 Lm, * 2 Lm, 1 Stb in die nächste M *; von * bis * fortlfd wdh bis zum 1. MM, 2 Lm, 1 fM in den nächsten 8-Lm-Bogen, 2 Lm, 1 Stb in die nächste M, 2 Lm, 3-Stb-Bm in die nächste M, 2 Lm, 1 Stb in die nächste M, 2 Lm, 1 fM in den nächsten 8-Lm-Bogen, 2 Lm, 1 Stb in die nächste M; von * bis * fortlfd wdh bis zum nächsten MM, 2 x [2 Lm, 1 fM in den nächsten 8-Lm-Bogen, 2 Lm, 1 Stb in die nächste M, 2 Lm, 3-Stb-Bm in die nächste M, 2 Lm, 1 Stb in die nächste M], 2 Lm, 1 fM in den nächsten 8-Lm-Bogen; von * bis * fortlfd wdh bis R-Ende; wenden.

34. REIHE: 3 Lm, * 2 Lm, 1 Stb in die nächste M; ab * fortlfd wdh bis R-Ende; wenden.

35. REIHE: 1 Lm, 1 fM ins 1. Stb, * 2 fM in den nächsten 2-Lm-Bogen, 1 fM in die nächste M; ab * fortlfd wdh bis R-Ende.

Faden abschneiden und sichern.

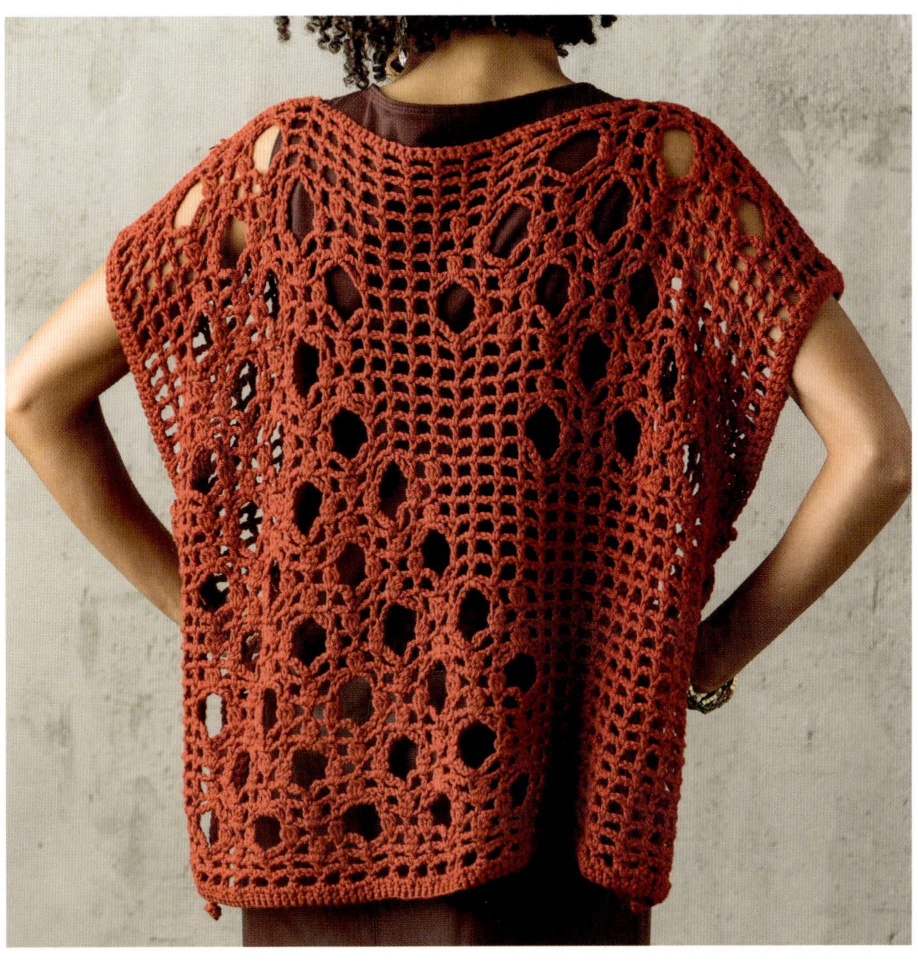

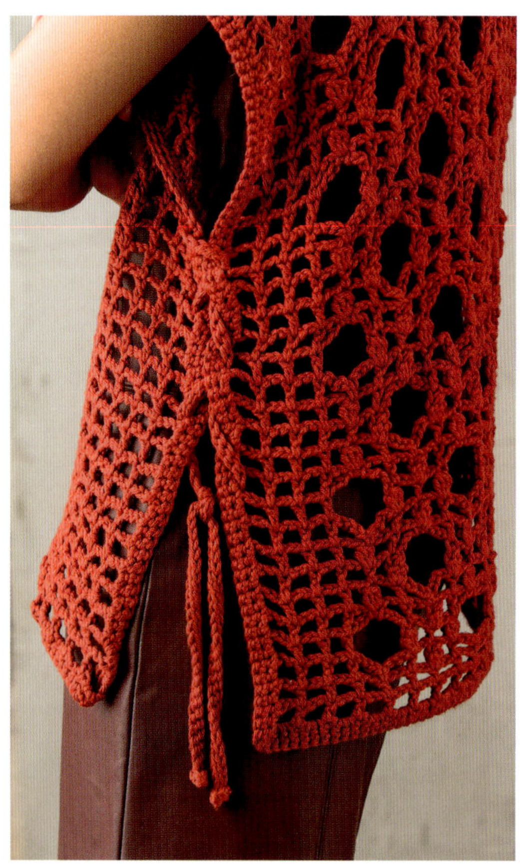

FERTIGSTELLUNG

In der letzten R beider Teile die mittleren 28/33 cm für den Halsausschnitt abmessen und durch MM am Beginn und am Ende kennzeichnen.

Die Schulternähte schließen, den markierten Halsausschnitt offen lassen.

RANDBLENDE

(an Unter- und Seitenkanten)

1. RUNDE: Von der rechten Seite der Arbeit über die andere Seite des Lm-Anschlags häkeln. Den Faden in der rechten unteren Ecke des Vorderteils anschlingen, 1 Lm, 1 fM in die 1. Lm, °° * 2 fM in den nächsten 2-Lm-Bogen, 1 fM in die nächste Lm an der Basis des Stb; ab * fortlfd wdh bis zur nächsten Ecke, 2 fM in die Eck-M häkeln, dann über die rechte Kante des Häkelteils weiterhäkeln und dabei in die Randm der R einstechen, 2 fM in jedes Stb an den R-Enden des Vorderteils häkeln, 1 fM in die fM am letzten R-Ende des Vorderteils, 1 fM in die fM am nächsten R-Ende des Rückenteils, dann 2 fM in jedes Stb an den R-Enden der Rückenteilseite bis zur unteren Ecke, 2 fM in die Eck-Lm; ab °° noch 1 x wdh, 1 fM in die Lm an der Ecke häkeln und die Rd mit 1 Km in die 1. fM schließen.

2. RUNDE: 1 Lm, 1 fM in jede fM bis Rd-Ende, dabei jeweils 2 fM in jede Ecke häkeln, die Rd mit 1 Km in die 1. fM schließen. Den Faden abschneiden und sichern.

HÄKELBAND

(2 x arb)

125 Lm anschl, 1 Km in die 2. Lm von der Häkelnd aus und in jede folg Lm bis R-Ende. Faden abschneiden und sichern.

An den Seitenkanten von Vorder- und Rückenteil MM jeweils 23 cm und 18 cm oberhalb der Unterkante einhängen.

Das Häkelband wie einen Schnürsenkel durch die Gitterkaros vom oberen bis zum unteren MM fädeln. Die Enden verknoten (siehe Foto links). Jedes Bandende verknoten.

Hinweis: *Wenn Sie auf die Schnürung verzichten wollen, schließen Sie die Seitennähte jeweils bis zu den MM*

Fadenenden vernähen. Fertiges Top spannen, anfeuchten und trocknen lassen.

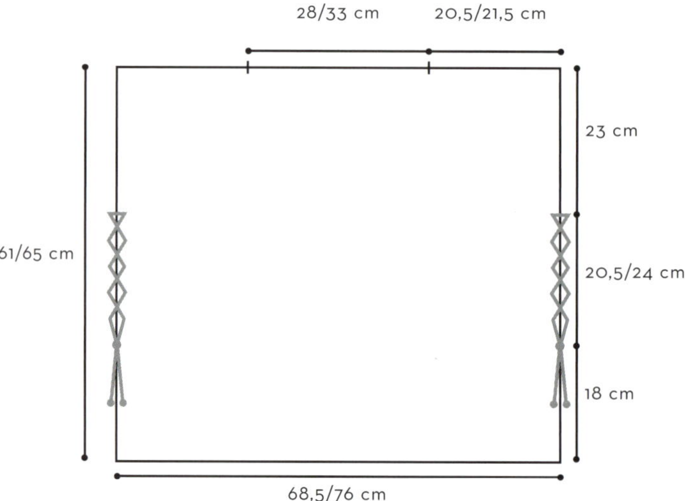

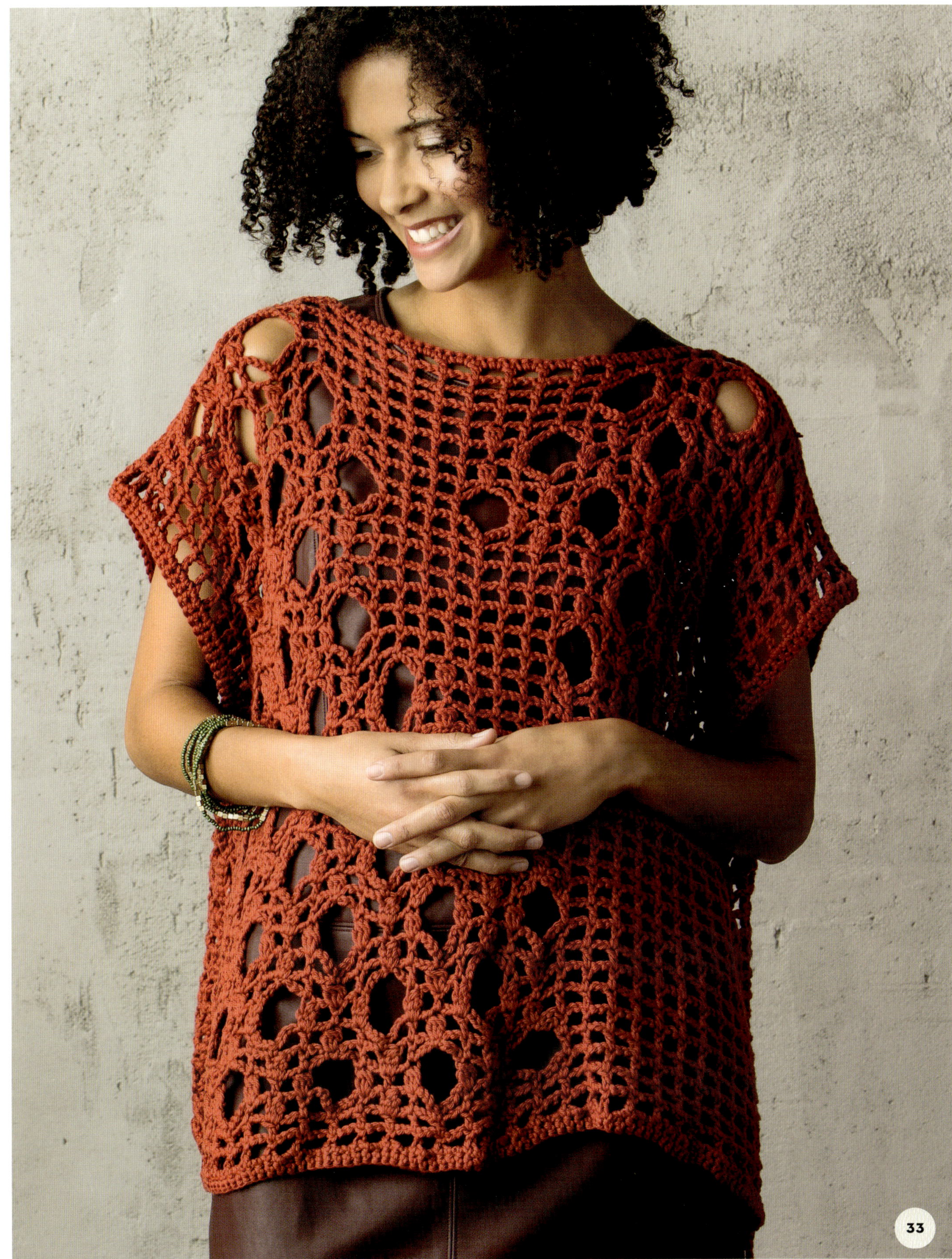

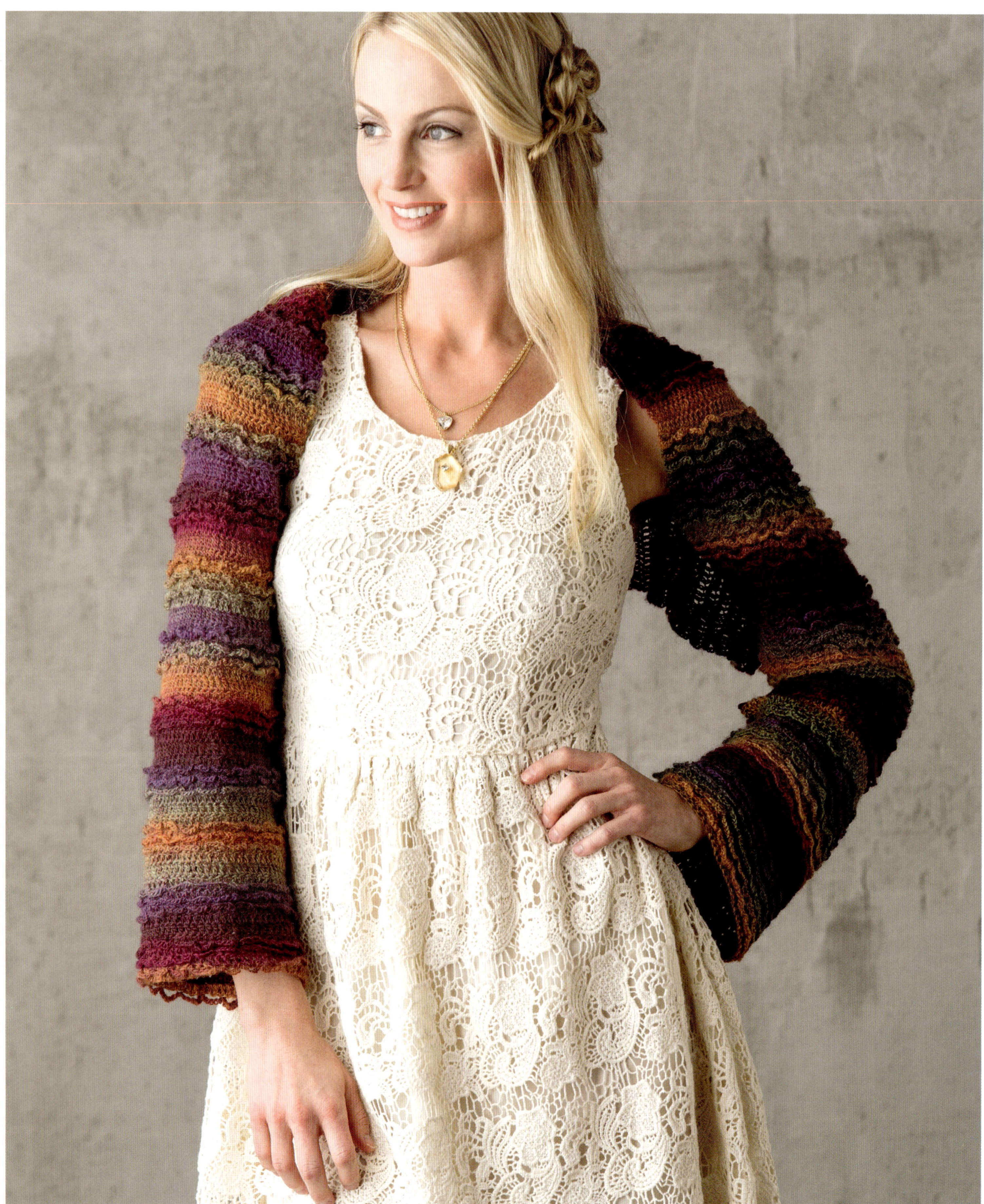

SONNEN*untergang*

Ich wollte ein einfaches mehrfarbiges Modell entwerfen. Dabei verwendete ich ein selbstmusterndes Garn, dessen Wirkung hier noch hervorgehoben wird. Das Grundmuster ist eine schlichte Kombination aus Luftmaschenbogen und Stäbchen. Diese Streifen im Rüschenmuster sind unterschiedlich hoch, sodass ein reizvoller, asymmetrischer Effekt entsteht. Das Modell besteht nur aus einem Rechteck mit Knöpfen und kann deshalb als Schal oder als Schulterwärmer mit Ärmeln getragen werden.

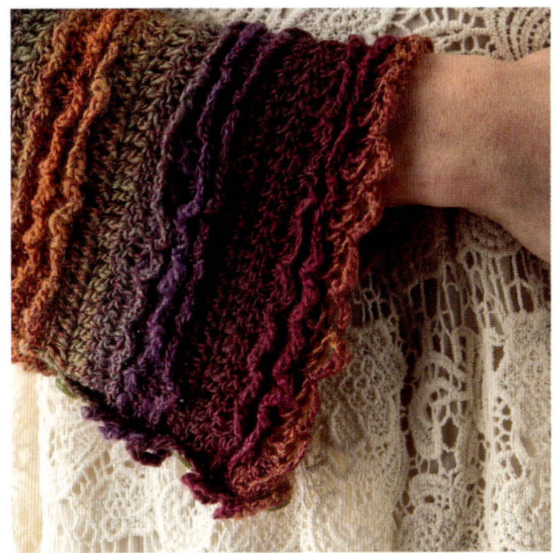

GRÖSSE

S-M/L/XL-XXL

Breite 35,5/39,5/43 cm,
Länge 145/148,5/152,5 cm

MATERIAL & ZUBEHÖR

Garn

Wisdom Yarns Poems Sock (75 % Superwash-Wolle, 25 % Polyamid; LL 420 m/100 g) in Grape Arbor (Fb 959), 300 g

Häkelnadeln

4,5 mm und 5,5 mm

Wählen Sie gegebenenfalls eine dickere oder dünnere Häkelnadel, um die angegebene Maschenprobe zu erzielen.

Zubehör

14 Knöpfe (Ø ca. 13 mm), Wollnadel, Maschenmarkierer

MASCHENPROBE

18 Stb und 10 Stb-R mit der dünneren Häkelnd = 10 cm x 10 cm (nach dem Spannen)

Maschen & Muster

RÜSCHENMUSTER AUS LUFT-MASCHENBOGEN
(M-Zahl teilbar durch 3 + 1 M)

1. REIHE (HINR): 1 Km ins vMg der 1. M, * 6 Lm, die nächsten 2 M übergehen, 1 Km ins vMg der nächsten M; ab * fortlfd wdh bis zu den letzten 3 M, 6 Lm, die nächsten 2 M übergehen, 1 fM in die letzte M; wenden.

2. REIHE: 3 Lm (für 1 Stb), dann 1 Stb in jedes Stb der Vorr, dabei stets unter beiden Mg enstechen; wenden.

Hinweis: *Die Stb werden wie gewohnt gehäkelt (unter beiden Mg einstechen); das gilt auch für die M die in der Vorr bereits mit Km behäkelt wurden.*

1. und 2. R stets wdh.

STÄBCHENREIHE (STB-R)
(beliebige M-Zahl)

3 Lm (für 1 Stb), 1 Stb in jedes Stb bis R-Ende; wenden.

Hinweis: *Diese R werden zwischen den R des Rüschenmusters gehäkelt.*

Anleitung

Mit der dickeren Häkelnd 67/73/79 Lm anschl.

1. REIHE: Zur dünneren Häkelnd wechseln, 1 Stb in die 5. Lm von der Häkelnd aus (die ersten 3 Lm zählen als 1. Stb), 1 Stb in jede folg Lm; wenden (= 64/70/76 Stb).

Dann den 1.–6. Abschnitt arb wie folgt:

Hinweis: *Die Abschnitte unterscheiden sich durch die Zahl der R im Rüschenmuster, das mit schmalen Streifen beginnt und zur Mitte hin immer höher wird. Wenn Sie lauter gleich hohe Rüschenmusterstreifen für den ganzen Schal bevorzugen, einfach Abschnitt 1 stets wdh bis zu einer Gesamthöhe von 145/150/155 cm.*

ABSCHNITT 1

2.–52. REIHE: * Das Rüschenmuster 3 x arb, dann 2 Stb-R arb; ab * noch 9 x wdh.

ABSCHNITT 2

53.–73. REIHE: * Das Rüschenmuster 5 x arb, dann 2 Stb-R arb; ab * noch 2 x wdh.

ABSCHNITT 3

74.–92. REIHE: * Das Rüschenmuster 8 x arb, dann 2 Stb-R arb; ab * noch 1 x wdh.

ABSCHNITT 4

93.–107. REIHE: Das Rüschenmuster 12 x arb, dann 2 Stb-R arb.

ABSCHNITT 5

108.–126. REIHE: Das Rüschenmuster 17 x arb, dann 2 Stb-R arb.

ABSCHNITT 6

127.–143./147./151. REIHE: Das Rüschenmuster 17/21/25 x arb. Diesen Abschnitt nicht mit 2 Stb-R beenden.

Hinweis: *Wenn Ihr Schulterschal länger oder kürzer werden soll, arbeiten Sie einfach mehr oder weniger Rapporte des Rüschenmusters.*

Faden abschneiden und sichern.

Zeichenerklärung

- = 1 Luftmasche (Lm)
- = 1 Kettmasche (Km)
- = 1 feste Masche (fM)
- = 1 Stäbchen (Stb)
- = nur unter dem vorderen Maschenglied (vMg) einstechen

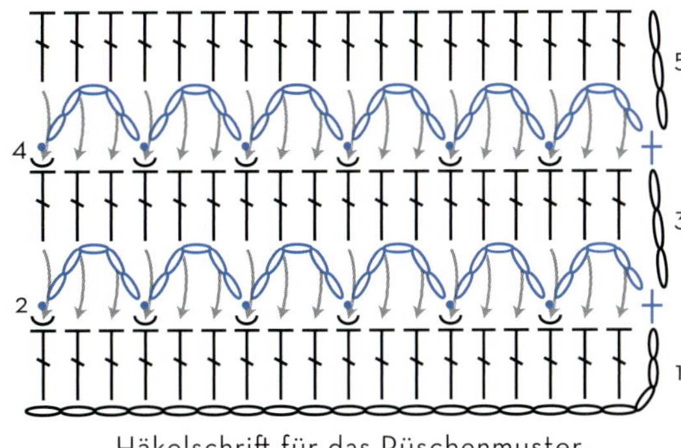

Häkelschrift für das Rüschenmuster

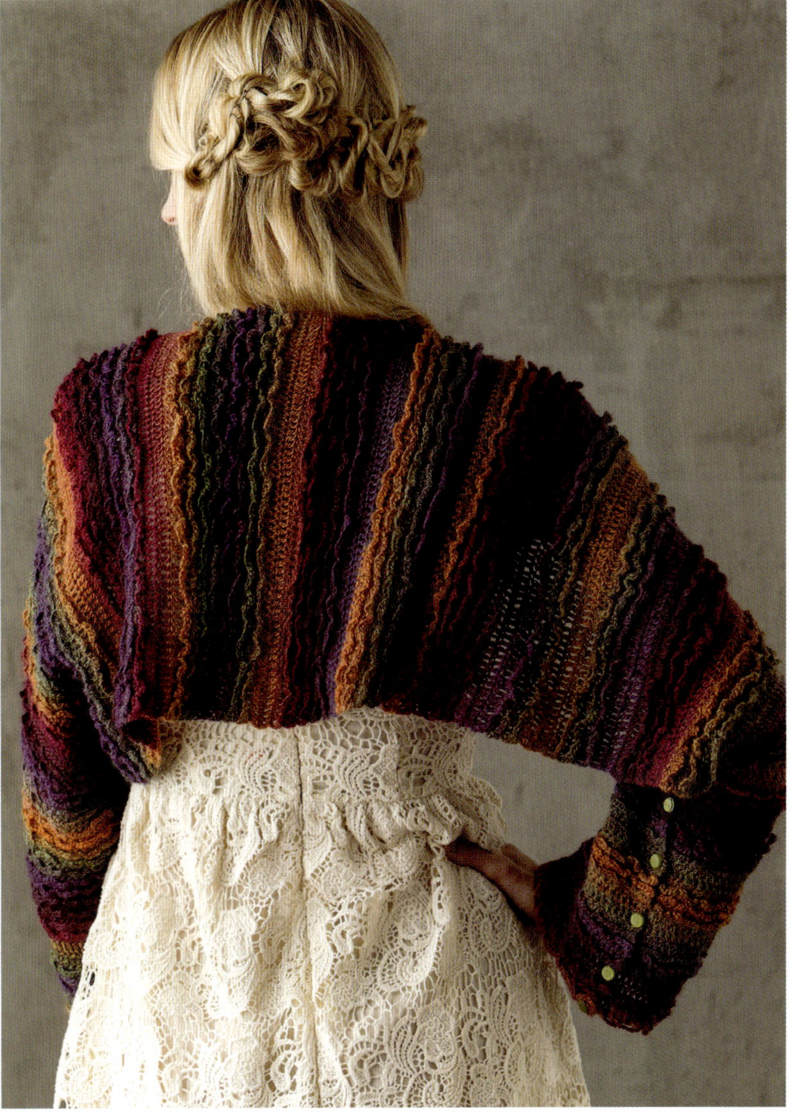

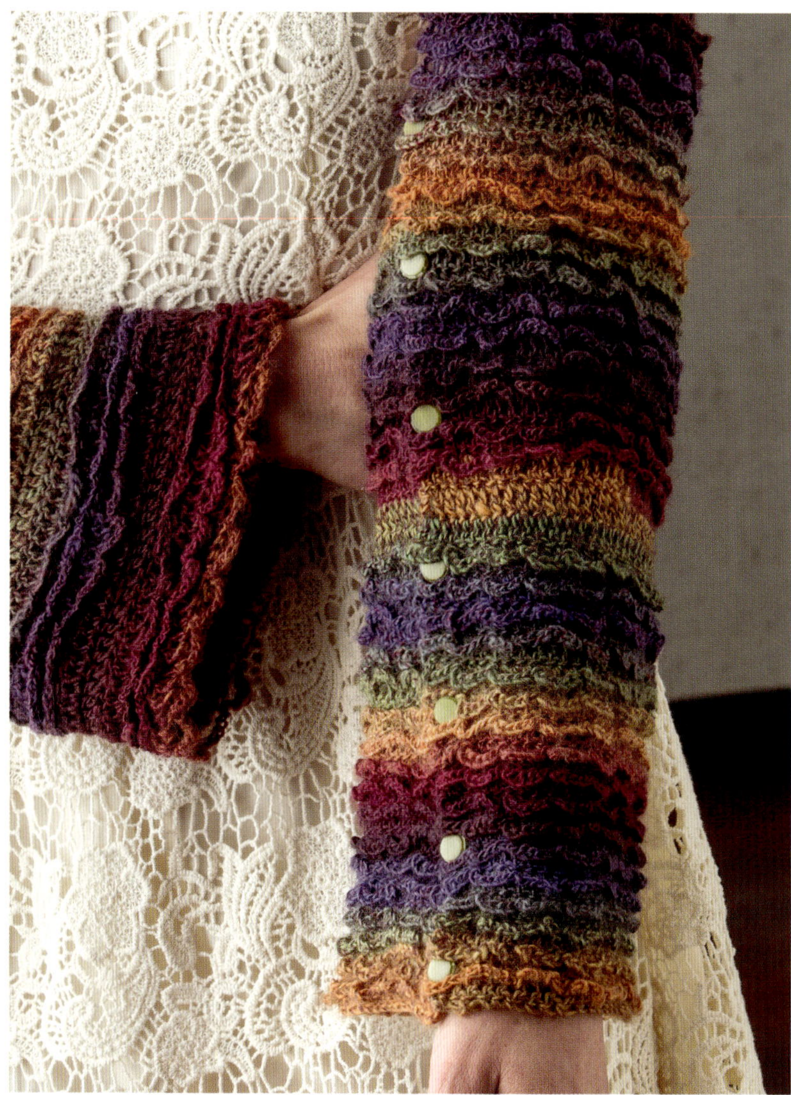

FERTIGSTELLUNG

Die Häkelarbeit spannen, anfeuchten und trocknen lassen. 30,5 cm von beiden Enden entfernt an den Längsseiten 1 MM einhängen (= Ärmel). Dann in gleichmäßigen Abständen zwischen den Enden und den MM weitere 7 MM einhängen, um die Positionen der Knöpfe zu markieren. An einer Längsseite des Schals die Knöpfe annähen. Als Knopflöcher dienen die Zwischenräume zwischen den Stb.

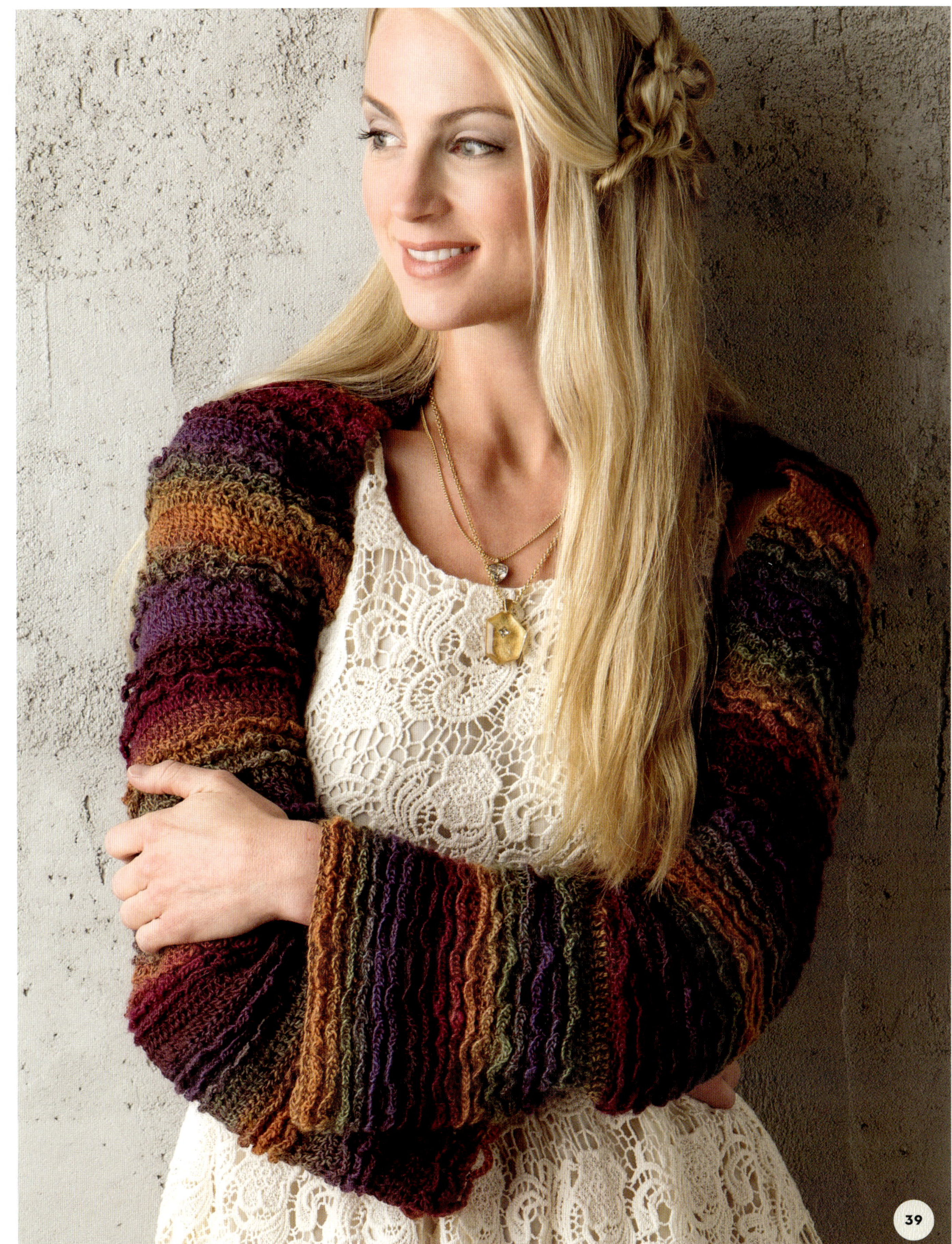

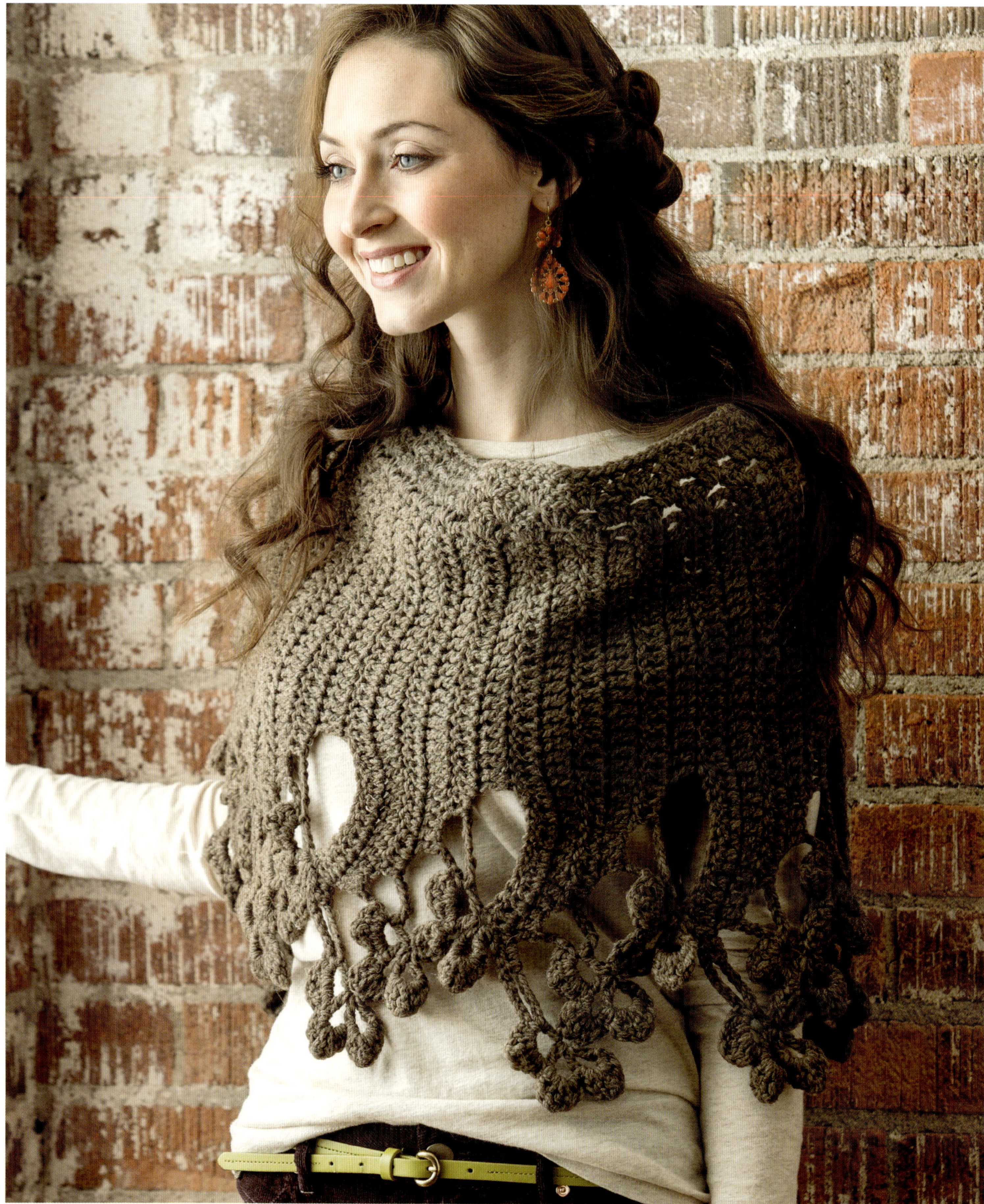

MEERES*blume*

GRÖSSE

Breite 43 cm, Länge 178 cm

MATERIAL & ZUBEHÖR

Garn

Cascade Ecological Wool (100 % natürliche peruanische Wolle; LL 437 m/250 g) in Tarnish (Fb 8049), 500 g

Häkelnadel

7 mm

Wählen Sie gegebenenfalls eine dickere oder dünnere Häkelnadel, um die angegebene Maschenprobe zu erzielen.

Zubehör

Wollnadel, Maschenmarkierer

MASCHENPROBE

11 Stb und 6 R = 10 cm x 10 cm (nach dem Spannen)

Schon vor Jahren habe ich mich in das Muster an der Unterkante dieses Modells verliebt und mich seitdem darauf gefreut, es eines Tages zu verwenden. Es zeigt filigrane Blütenformen, und ich arbeite dieses zarte, feminine Muster gern aus einem dickeren Garn. Dieser Kontrast schafft einen gelungenen Ausgleich zwischen Romantik und moderner Optik. Die Blütenborte fällt reizvoll, wenn die Stola getragen wird.

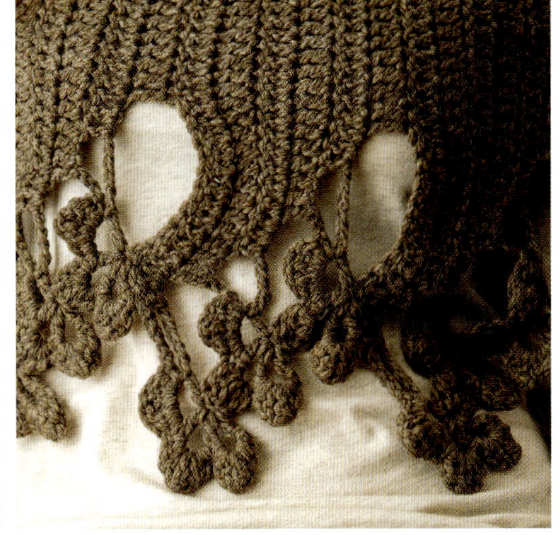

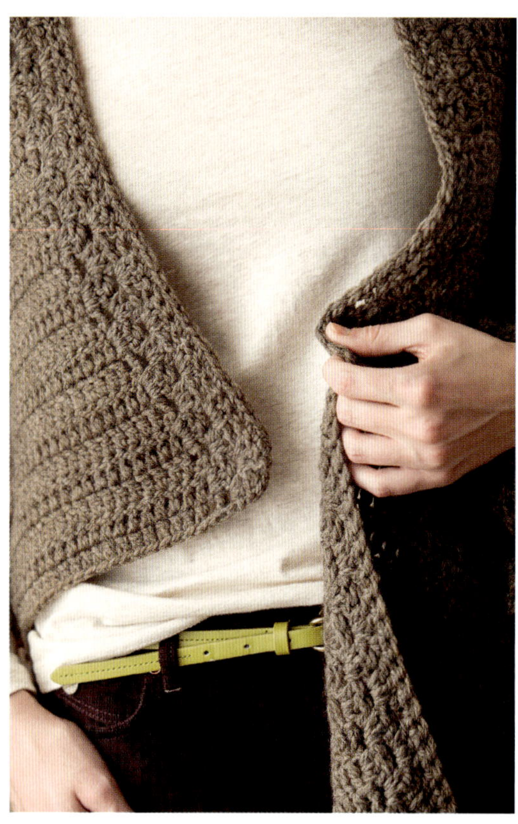

Anleitung

23 Lm locker anschl.

1. REIHE: 3 Lm (hier und im Folg als Ersatz für 1 Stb), 1 Stb in die 4. Lm von der Häkelnd aus, je 1 Stb in die nächsten 18 Lm, 5 Lm, die nächsten 3 Lm übergehen, {3 x [1 Stb, 3 Lm], 1 Stb} in die letzte Lm; wenden.

2. REIHE: 1 Lm, jeweils [1 fM, 1 hStb, 1 Stb, 1 DStb, 1 Stb, 1 hStb, 1 fM] in die nächsten drei 3-Lm-Bogen häkeln, 5 Lm, die nächsten 2 Lm, übergehen, je 1 Stb in die nächsten 3 Lm, 1 Stb in jedes folg Stb bis R-Ende; wenden.

3. REIHE: 3 Lm, 1 Stb in jedes Stb bis R-Ende, je 1 Stb in die nächsten 3 Lm, 5 Lm, {3x [1 Stb, 3 Lm], 1 Stb} ins mittlere DStb des 2. Blütenblatts; wenden.

4. REIHE: 1 Lm, [1 fM, 1 hStb, 1 Stb, 1 DStb, 1 Stb, 1 hStb, 1 fM] in jeden der 3 folg 3-Lm-Bogen, 5 Lm, die nächsten 2 Lm, übergehen, je 1 fM in die nächsten 3 Lm, je 1 Stb in die folg Stb bis R-Ende; wenden.

5. REIHE: Wie die 3. R häkeln.

6. REIHE: Wie die 4. R häkeln.

7. REIHE: 3 Lm, je 1 Stb in die nächsten 18 Stb, 7 Lm, die nächsten 11 Stb übergehen, {3 x [1 Stb, 3 Lm], 1 Stb] ins nächste Stb; wenden.

8. REIHE: Wie die 4. R häkeln.

9.–102. REIHE: Die 3.–8. R noch 15 x wdh, dann die 3.–6. R noch 1 x wdh. Die Arbeit nicht wenden; den Faden nicht abschneiden.

Hinweis: *Wenn die Stola länger werden soll, die 3.–8. R (= Musterrapport) entsprechend oft wdh; mit der 3.–6. R enden.*

OBERKANTE

Die Arbeit drehen und anschließend über die gerade Längsseite der Blütenborte weiterhäkeln wie folgt:

1. REIHE: 1 Km ins 1. Rand-Stb, 3 Lm, 2 Stb um das 1. Rand-Stb, * die nächste R übergehen, 3 Stb um das nächste R-End-Stb; ab * fortlfd wdh bis zur letzten R, das letzte Rand-Stb übergehen, 1 Stb in die Eck-Lm; wenden (= 51 Gruppen à 3 Stb, insgesamt 154 Stb).

2. REIHE: 1 Km in den Zwischenraum zwischen den ersten 2 Stb, 3 Lm, 2 Stb in denselben Zwischenraum, * 3 Stb in den Zwischenraum zwischen den nächsten beiden 3-Stb-Gruppen; ab * fortlfd wdh bis zu den letzten 3 Stb, die nächsten 2 Stb übergehen, 1 Stb ins letzte Stb; wenden.

3. REIHE: Wie die 2. R häkeln.

4. REIHE: 1 Lm, 1 fM in jedes Stb bis R-Ende (= 154 fM). Den Faden abschneiden und sichern.

FERTIGSTELLUNG

Fadenenden vernähen. Stola spannen, anfeuchten und trocknen lassen.

Oberkante

13 Stb

13 Stb

13 Stb

13 Stb

13 Stb

13 Stb

13 Stb

13 Stb

13 Stb

13 Stb

13 Stb

13 Stb

13 Lm

Stola

Zeichenerklärung

= 1 Luftmasche (Lm)

1 Kettmasche (Km)

= 1 Kettmasche (Km)

1 halbes Stäbchen (hStb)

= 1 Stäbchen (Stb)

= 1 Doppelstäbchen (DStb)

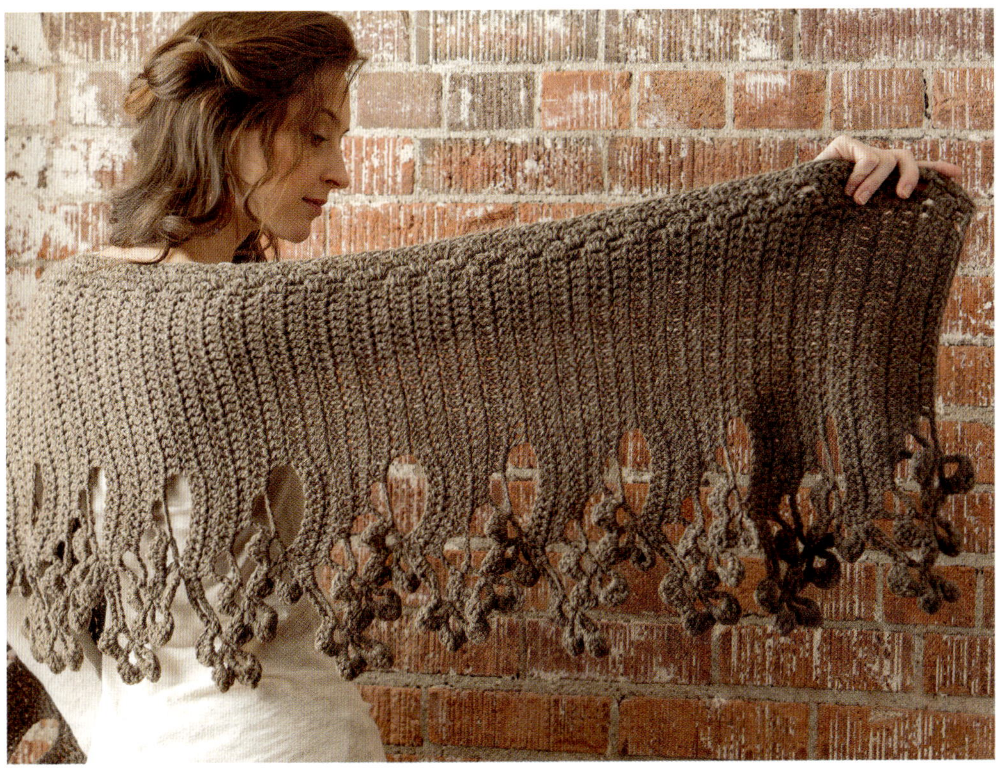

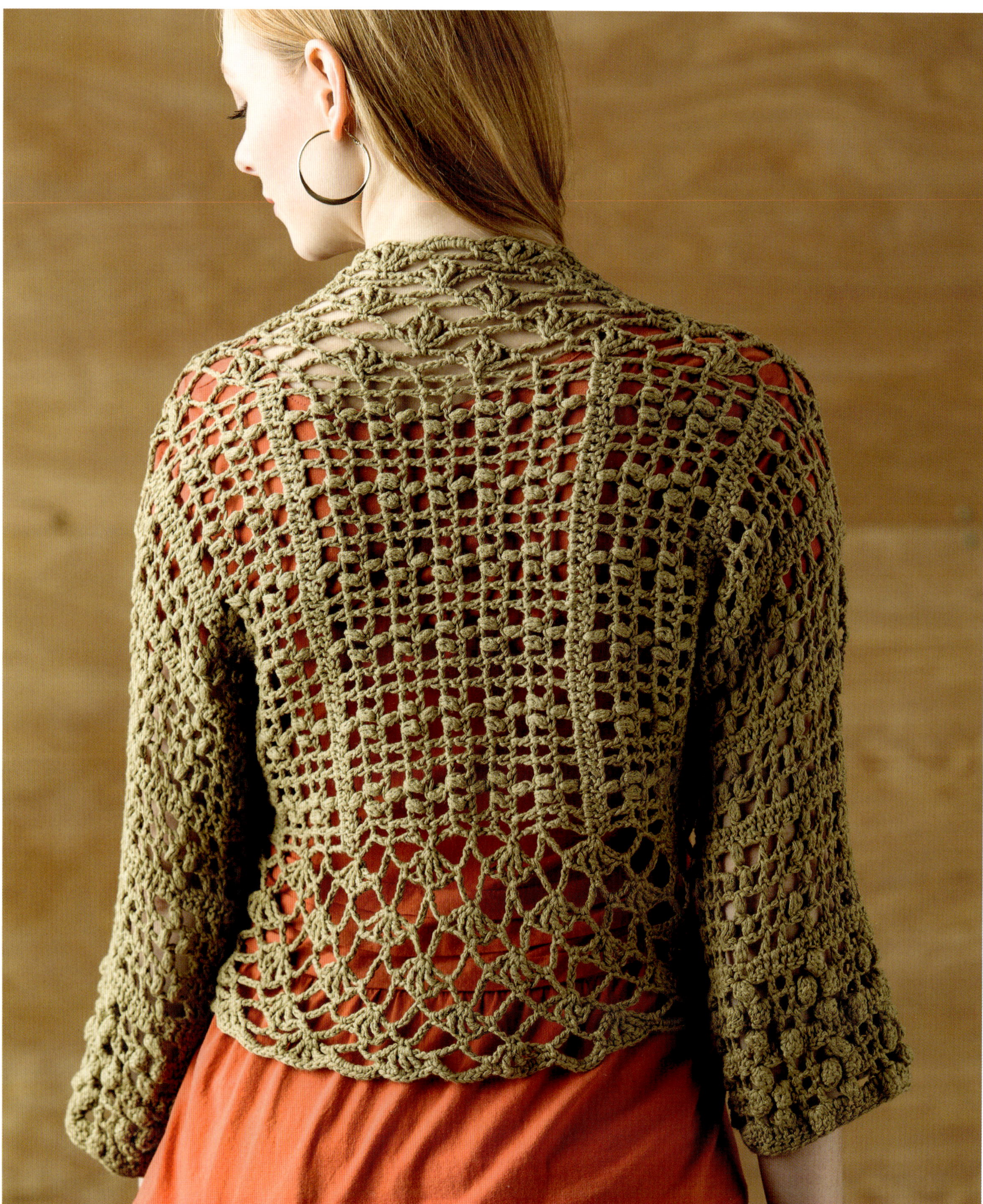

SCHMUCK*perlen*

Den Hauptteil dieses hinreißenden Jäckchens ziert ein Noppenmuster, die Bündchen ein Muster mit Popcornmaschen. Die Blende an Kragen, Vorderkanten und Unterkante ist in einem zarten Netzmuster gearbeitet. In der Kombination dieser drei Häkelmuster ergibt sich ein elegantes Modell, das sich gut im Büro tragen lässt, aber auch jedes feinere Outfit für den Abend aufpeppt.

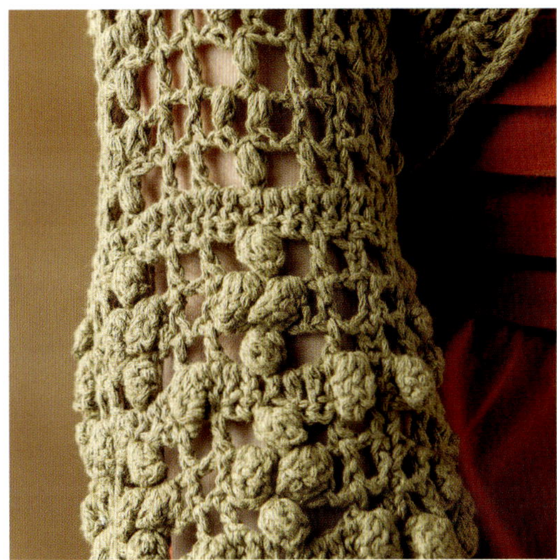

GRÖSSE

S/M/L/XL/XXL

Länge (beim Tragen): 48,5/53,5/58,5/63,5/68,5 cm

Breite (von einem Ärmelbündchen zum anderen): 114,5/120,5/127,5/132/132 cm

MATERIAL & ZUBEHÖR

Garn

Skacel Yarns Savanna Zitron (60 % Baumwolle, 20 % Leinen, 20 % Viskose; LL 100 m/50 g) in Khaki (Fb 30), 300/350/400/450/500 g

Häkelnadeln

5 mm und 6 mm

Wählen Sie gegebenenfalls eine dickere oder dünnere Häkelnadel, um die angegebene Maschenprobe zu erzielen.

Zubehör

Wollnadel, Maschenmarkierer

MASCHENPROBE

18 Stb und 10 Stb-R mit der dünneren Häkelnd im Noppenmuster gehäkelt = 10 cm x 10 cm (nach dem Spannen)

Maschen & Muster

NOPPE (N)

1 U, die Häkelnd in die nächste M einstechen, den Faden holen und durch die M ziehen, * 1 U, die Häkelnd in dieselbe M einstechen, den Faden holen und durch die M ziehen; ab * noch 1 x wdh, den Faden holen und durch 6 Schlingen auf der Häkelnd ziehen, den Faden noch einmal holen und durch die letzten 2 Schlingen auf der Häkelnd ziehen, die N mit 1 Lm sichern.

POPCORNMASCHE (PCM)

5 Stb in dieselbe M arb, die Häkelnd aus der Arbeitsschlinge ziehen und unter beiden Abmaschgliedern des 1. Stb der 5-Stb-Gruppe einstechen (Hinweis: In Hinr von vorne nach hinten einstechen, in Rückr von hinten nach vorne einstechen), die Arbeitsschlinge wieder auf die Häkelnd nehmen und durch die M ziehen, die PcM mit 1 Lm sichern.

NOPPENMUSTER (FÜR DEN HAUPTTEIL))
(M-Zahl teilbar durch 8 + 3 M)

EINTEILUNGSREIHE (RÜCKR): 3 Lm (für 1 Stb, 1 Stb in die 5. Lm von der Häkelnd aus und in jede folg Lm bis R-Ende; wenden.

1. REIHE (HINR): 4 Lm (für 1 Stb + 1 Lm), die ersten 2 Stb übergehen, 1 Stb ins nächste Stb, * 2 Lm, die nächsten 2 Stb übergehen, 1 N ins nächste Stb, 2 Lm, die nächsten 2 Stb übergehen, 1 Stb ins nächste Stb, 1 Lm, das nächste Stb übergehen, 1 Stb ins nächste Stb; ab * fortlfd wdh bis R-Ende; wenden.

2. REIHE: 4 Lm (für 1 Stb + 1 Lm), den nächsten 1-Lm-Bogen übergehen, 1 Stb ins nächste Stb, * 1 Lm, 1 N in die 2. Lm des nächsten 2-Lm-Bogens, 1 Lm, 1 N in die 1. Lm des nächsten 2-Lm-Bogens, 2 x [1 Lm, 1 Stb ins nächste Stb]; ab * fortlfd wdh bis R-Ende; wenden.

3. REIHE: 4 Lm (für 1 Stb + 1 Lm), den nächsten 1-Lm-Bogen übergehen, 1 Stb ins nächste Stb, * 2 Lm, den nächsten 1-Lm-Bogen übergehen, 1 N in den nächsten 1-Lm-Bogen, 2 Lm, den nächsten 1-Lm-Bogen übergehen, 1 Stb ins nächste Stb, 1 Lm, den nächsten 1-Lm-Bogen übergehen, 1 Stb ins nächste Stb; ab * fortlfd wdh bis R-Ende; wenden.

4. UND 5. REIHE: Die 2. und 3. R wdh.

6. REIHE: 3 Lm (für 1 Stb), das 1. Stb übergehen, 1 Stb in die nächste Lm, 1 Stb ins nächste Stb, * je 1 Stb in die nächsten 2 Lm, 1 Stb in die nächste N, je 1 Stb in die nächsten 2 Lm, 1 Stb in die nächste Stb, 1 Stb in die nächste Lm, 1 Stb ins nächste Stb (= insgesamt 8 Stb); ab * fortlfd wdh bis R-Ende; wenden.

1.–6. R stets wdh.

POPCORNMUSTER (FÜR DIE ÄRMELBÜNDCHEN)
(M-Zahl teilbar durch 8 + 3 M)

1. REIHE (HINR): 4 Lm (für 1 Stb + 1 Lm), die ersten 2 Stb übergehen, 1 Stb ins nächste Stb, * 2 Lm, die nächsten 2 Stb übergehen, 1 PcM ins nächste Stb, 2 Lm, die nächsten 2 Stb übergehen, 1 Stb ins nächste Stb, 1 Lm, das nächste Stb übergehen, 1 Stb ins nächste Stb; ab * fortlfd wdh bis R-Ende; wenden.

2. REIHE (RÜCKR): 4 Lm (für 1 Stb + 1 Lm), den nächsten 1-Lm-Bogen übergehen, 1 Stb uns nächste Stb, * 1 Lm, 1 PcM in die 2. Lm des nächsten 2-Lm-Bogens, 1 Lm, 1 PcM in die 1. Lm des nächsten 2-Lm-Bogens, 2 x [1 Lm, 1 Stb ins nächste Stb]; ab * fortlfd wdh bis R-Ende; wenden.

3. REIHE: 4 Lm (für 1 Stb + 1 Lm), den nächsten 1-Lm-Bogen übergehen, 1 Stb ins nächste Stb, * 2 Lm, den nächsten 1-Lm-Bogen übergehen, 1 PcM in den nächsten 1-Lm-Bogen, 2 Lm, den nächsten 1-Lm-Bogen übergehen, 1 Stb ins nächste Stb, 1 Lm, den nächsten 1-Lm-Bogen übergehen, 1 Stb ins nächste Stb; ab * fortlfd wdh bis R-Ende; wenden.

4. REIHE: 3 Lm (für 1 Stb), 1 PcM in die nächste Lm, 1 Stb ins nächste Stb, * je 1 Stb in die nächsten 2 Lm, 1 Stb in die nächste PcM, je 1 Stb in die nächsten 2 Lm, 1 Stb ins nächste Stb, 1 PcM in die nächste Lm, 1 Stb ins nächste Stb; ab * fortlfd wdh bis R-Ende; wenden.

1.–4. R stets wdh.

NETZMUSTER (FÜR UMRANDUNG UND KRAGEN)

1. RUNDE: 1 fM in den Zwischenraum darunter, den MM für den Rd-Beginn hierher versetzen, * 3 x [1 Lm, 1 DStb] in die nächste fM, 1 Lm, 1 fM in den nächsten 7 Lm-Bogen **, 7 Lm, 1 fM in den nächsten 7-Lm-Bogen; ab * fortlfd wdh, letzten Rapport bei ** beenden, 3 Lm, statt des letzten 7-Lm-Bogens 1 DStb in die fM am Rd-Beginn arb.

2. RUNDE: 1 fM in den Zwischenraum darunter, den MM für den Rd-Beginn hierher versetzen, * 7 Lm, 1 fM ins 2. DStb der nächsten Muschel **, 7 Lm, 1 fM in den nächsten 7-Lm-Bogen; ab * fortlfd wdh, letzten Rapport bei ** beenden, 3 Lm, 1 DStb in die fM am Rd-Beginn.

1. und 2. Rd stets wdh.

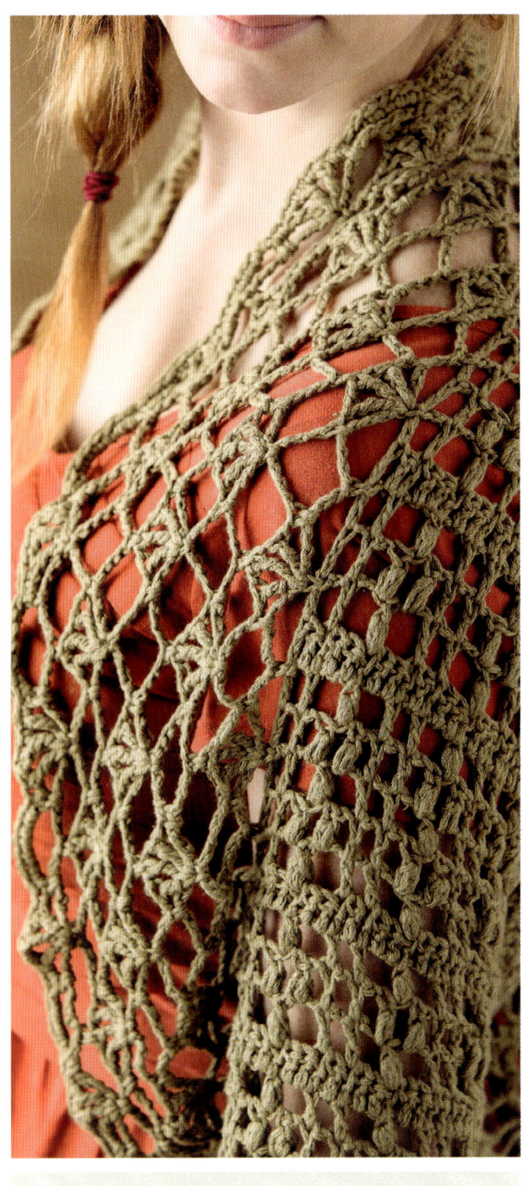

Anleitung

HAUPTTEIL

Mit der dickeren Häkelnd 51/59/67/75/83 Lm anschl.

Hinweis: *Das 2. Bündchen wird später in die Lm-Kette des M-Anschlags gearbeitet.*

EINTEILUNGSREIHE: Zur dünneren Häkelnd wechseln und die Einteilungs-R des Noppenmusters häkeln (siehe »Maschen & Muster«; = 51/59/67/75/83 M).

1.–6. REIHE: Die 1.–6. R des Noppenmusters arb.

7.–10. REIHE: Die 3.–6. R des Noppenmusters arb. 1 MM ins Abmaschglied des 1. und des letzten Stb der 10. R einhängen (= Achselhöhle).

11.–26. REIHE: Die 1.–10. R 1 x wdh, jedoch keine weiteren MM einhängen. Dann die 1.–6. R noch 1 x wdh.

27.–38./42./46./50./50. REIHE: Im Noppenmuster weiterhäkeln, die 1. und 2. R 5/7/9/11/11 x arb, dann die 1. R 1 x und die 6. R 1 x häkeln.

39.–64./43.–68./47.–72./51.–76./51.–76. REIHE: Die 1.–10. R wdh, ohne MM einzuhängen, dann die 1.–5. R wdh. MM in die Abschmaschglieder des letzten und des 1. Stb der 53./57./61./65./65. R einhängen (= Achselhöhle). Dann die 6.–10. R und anschließend die 1.–6. R wdh, ohne weitere MM zu platzieren. Faden nicht abschneiden.

Zeichenerklärung

= 1 Luftmasche (Lm)

= 1 feste Masche (fM)

= 1 Stäbchen (Stb)

= 1 Doppelstäbchen (DStb)

= 1 Noppe (N)

= 1 Popcornmasche (PcM)

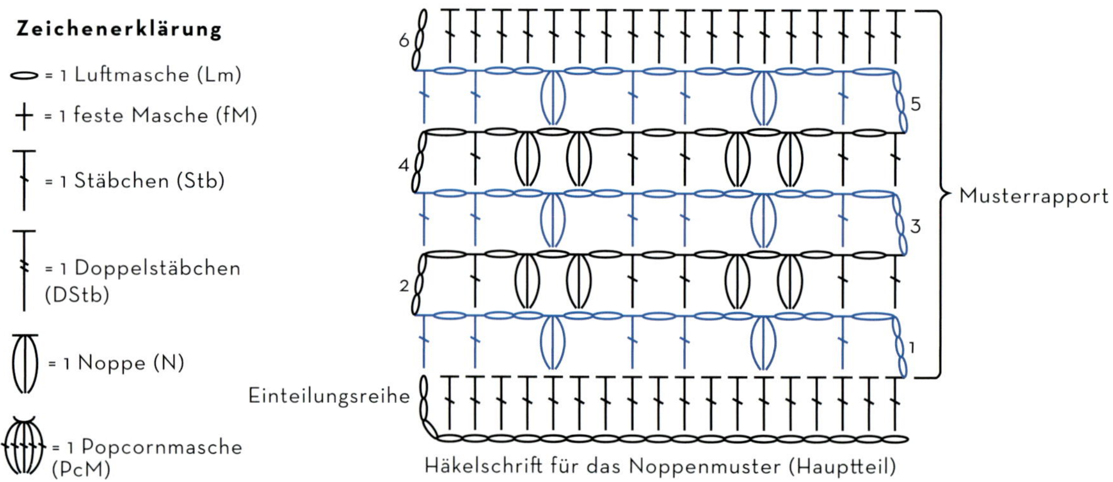

Häkelschrift für das Noppenmuster (Hauptteil)

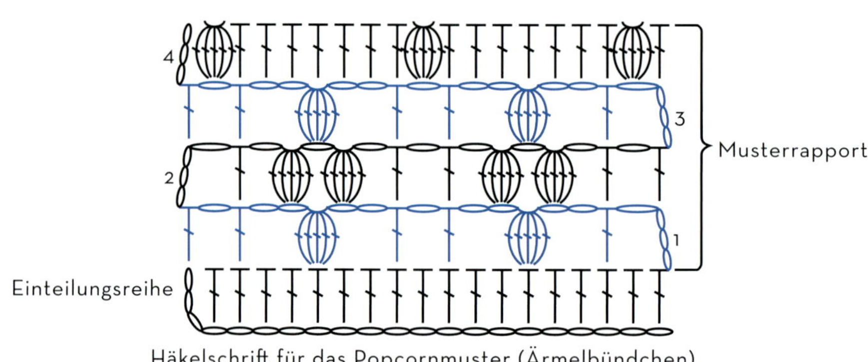

Häkelschrift für das Popcornmuster (Ärmelbündchen)

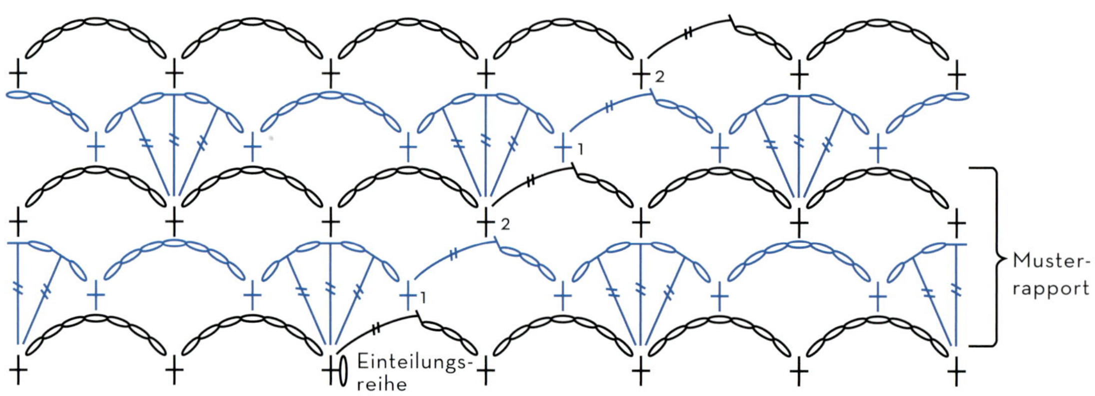

Häkelschrift für das Netzmuster (Umrandung/Kragen)

Die Häkelschriften zeigen nur einen Teil der M; Rest sinngemäß ergänzen.

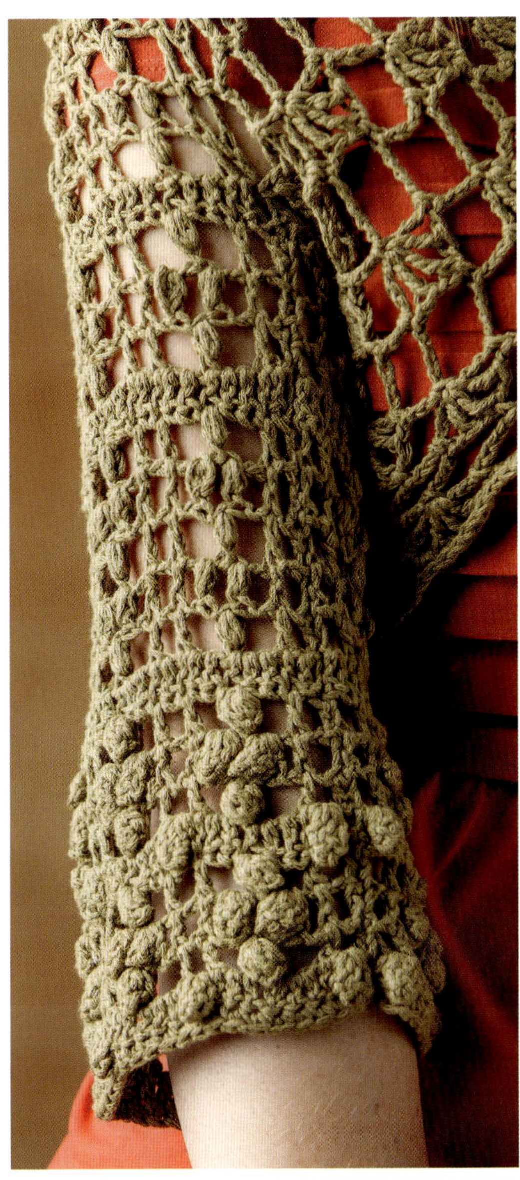

1. ÄRMELBÜNDCHEN

Vom Hauptteil aus weiterhäkeln wie folgt:

Die 1.–4. R des Popcornmusters (siehe »Maschen & Muster, Seite 46) 2 x arb.

LETZTE REIHE: 1 Lm, 1 fM in jede M bis R-Ende.

Den Faden abschneiden und sichern.

2. ÄRMELBÜNDCHEN

Von der rechten Seite der Arbeit über die andere Seite der Anschlag-Lm-Kette häkeln wie folgt: Den Faden an der 1. Lm anschlingen, 4 Lm (für 1 Stb + 1 Lm), die nächsten 2 Lm übergehen, 1 Stb in die nächste Lm, * 2 Lm, die nächsten 2 Lm übergehen, 1 PcM in die nächste Lm, 2 Lm, die nächsten 2 Lm übergehen, 1 Stb in die nächste Lm, 1 Lm, das nächste Stb übergehen, 1 Stb in die nächste Lm; ab * fortlfd wdh bis R-Ende; wenden.

Die 2.–4. R des Popcornmusters arb, dann die 1.–4. R 1 x wdh. Faden abschneiden und sichern.

Die Ärmelnähte von den Bündchenenden bis zu den MM unter der Achsel schließen. Die MM vorerst jedoch noch nicht entfernen (siehe Abb. 1)

Am Hauptteil des Jäckchens hängen nun immer noch 4 MM.

Abb. 1

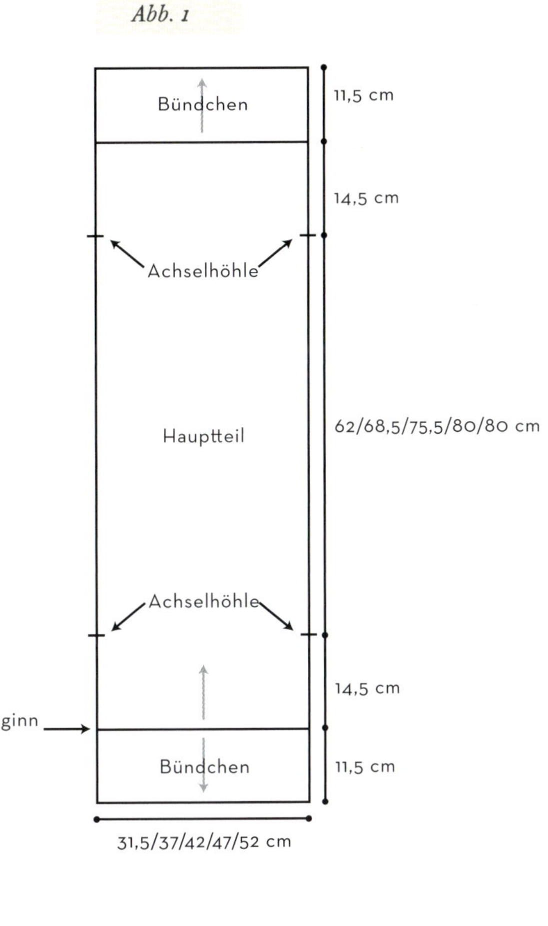

Abb. 2

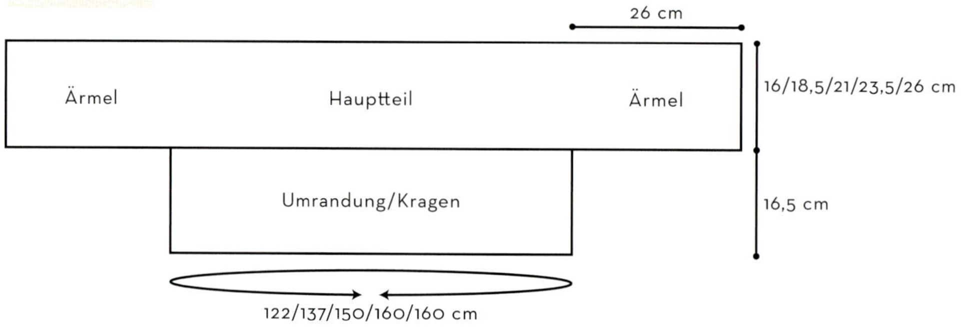

Ärmel | Hauptteil | Ärmel

Umrandung/Kragen

26 cm

16/18,5/21/23,5/26 cm

16,5 cm

122/137/150/160/160 cm

UMRANDUNG/KRAGEN

Nun wird die gesamte Öffnung des Jäckchens mit einer Umrandung umhäkelt, die zugleich Vorderteile und Kragen bildet (siehe Abb. 2). Das Jäckchen mit der Öffnung nach oben und der rechten Seite zu Ihnen hinlegen. Häkeln wie folgt:

EINTEILUNGSRUNDE: Arbeitsbeginn ist rechts. Den Faden mit 1 Km am Abmaschglied des 1. markierten Stb unter der Achsel anschlingen, 1 Lm, 1 fM in dieselbe Einstichstelle. (Hinweis: Diese 1. fM muss seitlich ins Abmaschglied des Stb gehäkelt werden, nicht in den Stb-Stiel.) * 7 Lm, die nächsten 2 Stb-Stiele übergehen, 1 fM ins Abmaschglied des nächsten Stb (nicht in oder um den Stb-Stiel) *; von * bis * fortlfd wdh, bis nur noch 1 Stb-Stiel vor dem nächsten MM übrig bleibt, 7 Lm, den nächsten MM übergehen, 1 fM in die nächste markierte M. (Hinweis: Diese 2 MM liegen direkt nebeneinander. Die letzte fM wird auf der anderen Seite der Öffnung gehäkelt. An dieser Stelle haben Sie 22/24/26/28/28 Bogen à 7 Lm gehäkelt.) Von * bis * fortlfd wdh bis 2 Stb-Stiele vor dem nächsten MM (an dieser Stelle haben Sie 43/47/51/55/55 Bogen à 7 Lm gehäkelt), 3 Lm, 1 DStb in die 1. fM am Rd-Beginn (= 44/48/52/56/56 Bogen à 7 Lm).

1.–8. RUNDE: Die 1. und 2. R des Netzmusters 8 x arb.

9. RUNDE: Die 1. R des Netzmusters arb, aber mit 7 Lm und 1 Km in die 1. fM enden.

10. RUNDE: * 3 x [1 fM in den nächsten 1-Lm-Bogen, 1 fM ins nächste DStb], 1 fM in den nächsten 1-Lm-Bogen, 7 fM in den nächsten 7-Lm-Bogen; ab * fortlfd wdh, die Rd mit 1 Km in die 1. fM schließen.

Faden abschneiden und sichern. Alle MM entfernen.

FERTIGSTELLUNG

Fadenenden vernähen. Modell spannen, anfeuchten und trocknen lassen.

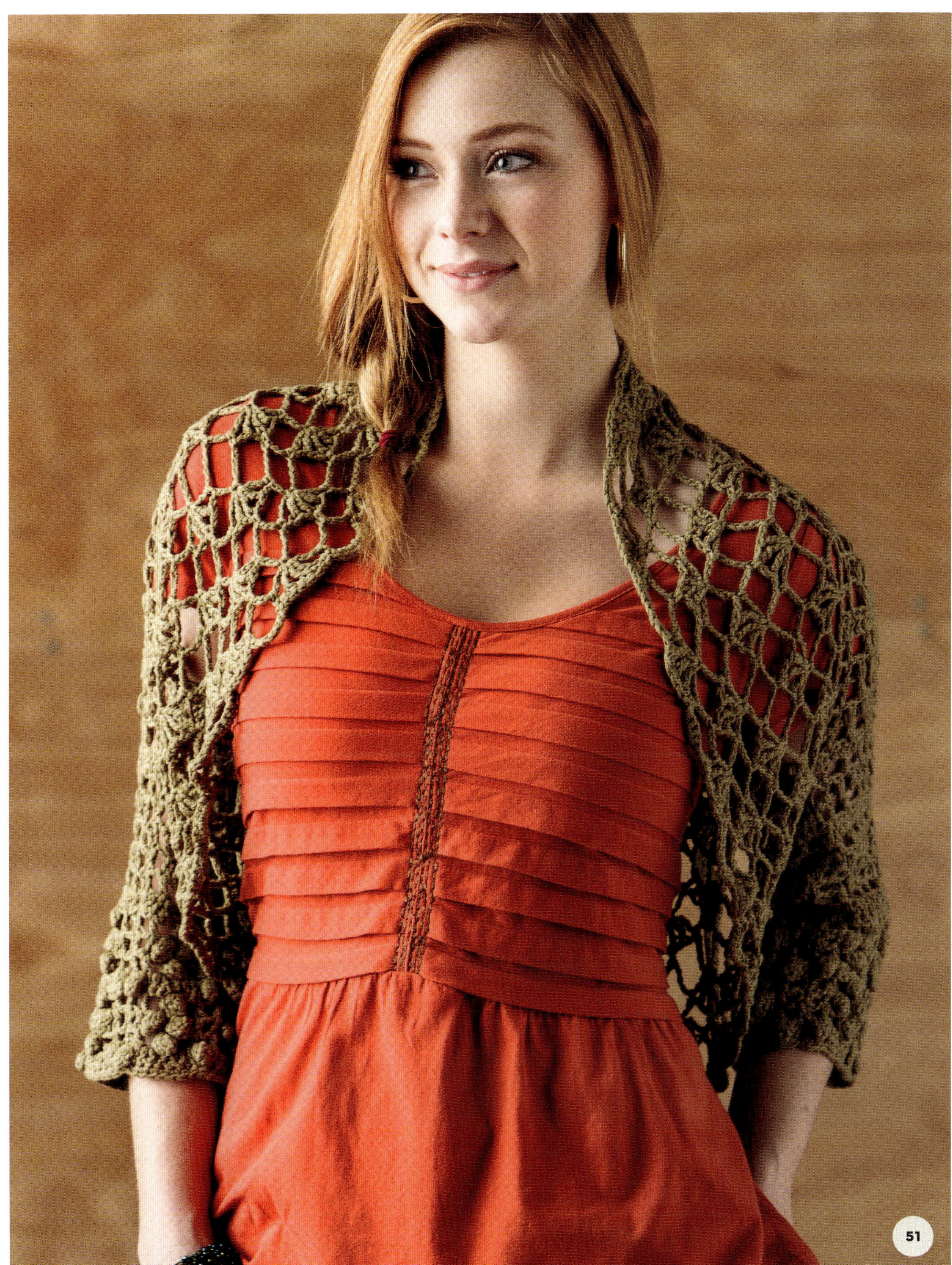

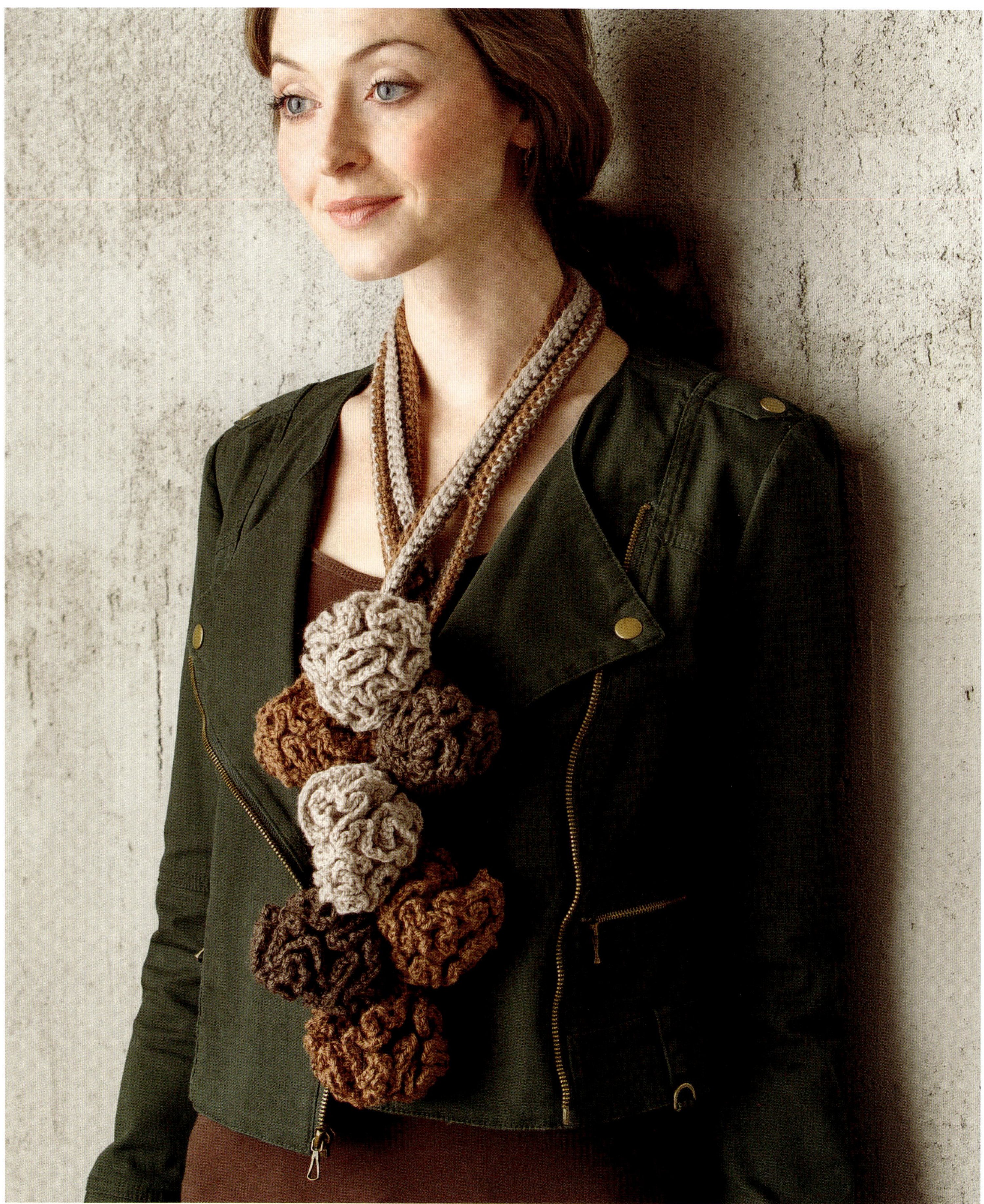

KORALLEN*kette*

GRÖSSE

Länge 96,5 cm,
Blütenball: Ø 6,5 cm

MATERIAL & ZUBEHÖR

Garn

Universal Yarn Eden Silk (75 % Merinowolle, 25 % Seide; LL 140 m/50 g), jeweils 50 g in

A Coal (Fb 10)

B Oatmeal (Fb 17)

C Bark (Fb 9)

Häkelnadel

5 mm

Wählen Sie gegebenenfalls eine dickere oder dünnere Häkelnadel, um die angegebene Maschenprobe zu erzielen.

Zubehör

Wollnadel, Maschenmarkierer

MASCHENPROBE

15 fM = 10 cm breit (nach dem Spannen)

Vor einigen Jahren habe ich in einer Gruppe mitgewirkt, die ein Korallenriff häkelte, um auf den übermäßigen Verbrauch von Plastik und dessen fatale Auswirkungen auf das Leben im Meer aufmerksam zu machen. Dabei lernte ich eine einfache Methode kennen, durch das ständige Zunehmen von zwei oder drei Maschen aus einer einzigen Masche eine interessante Form zu schaffen. Ich schätze diese Technik so sehr, dass ich ein Probestück aufbewahrte, um damit Geschenkpäckchen zu dekorieren. Schließlich inspirierte es mich zu diesem Schal.

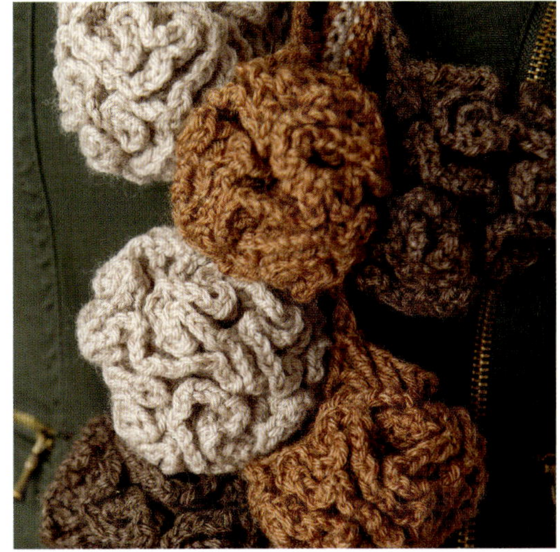

Maschen & Muster

BLÜTENBALL

ANFANGSRING: 10 Lm anschl und mit 1 Km in die 1. Lm zum Ring schließen.

1. RUNDE: 3 Lm (für 1 Stb), 24 Stb in den Ring häkeln, das letzte Stb mit 1 MM kennzeichnen, dann weitere 25 Stb in den Ring häkeln, die Rd mit 1 Km in die oberste der 3 Anfangs-Lm schließen (= 50 Stb).

2. RUNDE: 6 Lm (für 1 DStb + 2 Lm), 2 x [1 DStb, 2 Lm] in die 1. M, 3 x [1 DStb, 2 Lm] in jedes folg Stb bis zum markierten Stb, den MM entfernen und in den letzten 2-Lm-Bogen einhängen, 3 x [1 DStb, 2 Lm] in jedes der folg 25 Stb häkeln, die Häkelnd ins Abmaschglied des 1. DStb und in den markierten 2-Lm-Bogen (auf der anderen Seite der Rd) einstechen, den Faden holen und durch alle M und durch die Schlinge auf der Häkelnd ziehen (= 1 Km).

Anleitung

Den 1. Blütenballstreifen (siehe unten) arb, dann den 2. Blütenballstreifen arb und am 1. Streifen befestigen (siehe unten). Anschließend den 3. Blütenballstreifen arb und befestigen etc. Insgesamt werden 7 Blütenballstreifen gehäkelt und verbunden. Jeden Blütenballstreifen gemäß Grafik auf Seite 56 arb und platzieren.

1. BLÜTENBALLSTREIFEN (A1)

In Fb A 1 Blütenball häkeln (siehe »Maschen & Muster). Den MM nicht entfernen und den Faden nicht abschneiden.

100 Lm häkeln, die Arbeit wenden, 3 Lm (für 1 Stb), den MM in die oberste der 3 Lm einhängen, 1 Stb in die 5. Lm von der Häkelnd aus, je 1 Stb in die nächsten 88 Lm, je 1 hStb in die nächsten 2 Lm, je 1 fM in die nächste 8 Lm, 1 Km in dieselbe Einstichstelle wie die Km am Ende des Blütenballs, die M mit 1 Lm sichern (= 90 Stb, 2 hStb und 8 fM). Den Faden abschneiden und sichern.

2. BLÜTENBALLSTREIFEN (B1)

In Fb B 1 Blütenball häkeln. Den MM nicht entfernen und den Faden nicht abschneiden.

1. REIHE: 5 Lm, den Blütenballstreifen A1 mit dem Blütenball auf der linken und dem Streifen auf der rechten Seite hinlegen, 1 fM ins vMg der markierten M des Blütenballstreifen A1 arb, den MM nicht entfernen, je 1 fM ins vMg der folg 89 Stb des Blütenballstreifens A1 häkeln (= 90 fM); die Arbeit wenden und die restl M unbehäkelt lassen.

2. REIHE: 1 Lm, 1 fM in jede folg fM, je 1 fM in die nächsten 5 Lm, 1 Km in dieselbe Einstichstelle wie die Km am Ende des Blütenballs B1, die M mit 1 Lm sichern. Den Faden abschneiden und sichern.

3. BLÜTENBALLSTREIFEN (C1)

In Fb C 1 Blütenball häkeln. Den MM nicht entfernen und den Faden nicht abschneiden.

1. REIHE: 10 Lm, die Blütenballstreifen so hinlegen, dass der Blütenball A1 links liegt, 1 fM ins hMg der markierten M des Blütenballs A1 häkeln und den MM entfernen, je 1 fM ins hMg der nächsten 4 fM, 15 Lm, die nächsten 15 fM übergehen, je 1 fM ins hMg der nächsten 70 fM des Blütenballstreifens B1; die Arbeit wenden und die restl M unbehäkelt lassen.

2. REIHE: 1 Lm, 1 fM in die 1. fM, 1 MM einhängen, je 1 fM in die nächsten 69 fM, je 1 fM in die nächsten 15 Lm, je 1 fM in die nächsten 5 fM, je 1 fM in die nächsten 10 Lm, 1 Km in dieselbe Einstichstelle wie die Km am Ende des Blütenballs C1, die M mit 1 Lm sichern. Den Faden abschneiden und sichern.

Zeichenerklärung

- ⬭ = 1 Luftmasche (Lm)
- • = 1 Kettmasche (Km)
- [Symbol] = 1 Stäbchen (Stb)
- [Symbol] = 1 Doppelstäbchen

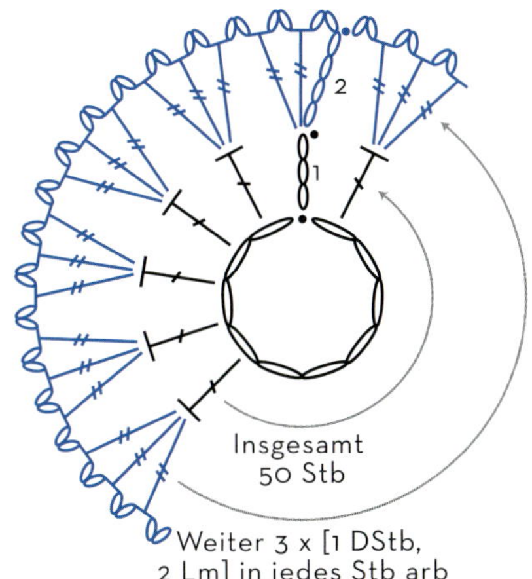

Blütenball

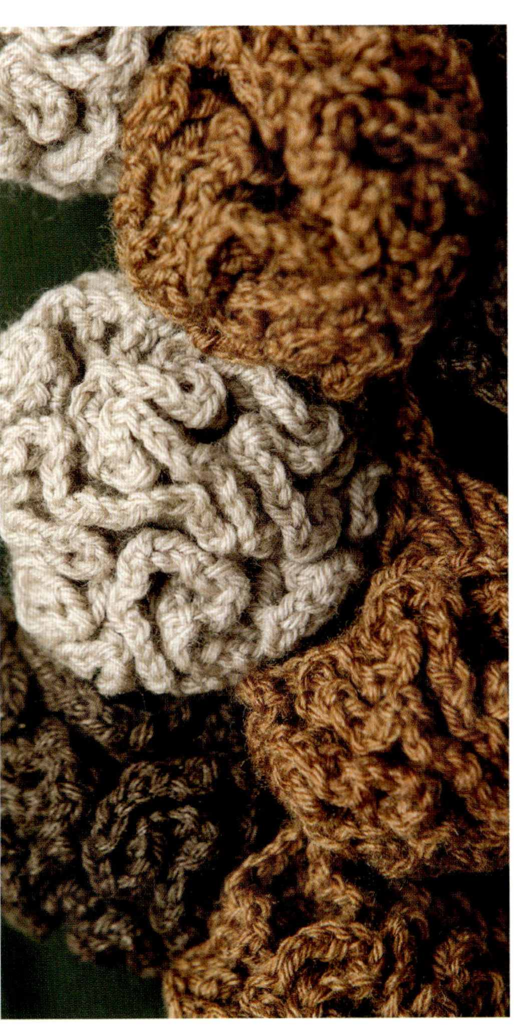

4. BLÜTENBALLSTREIFEN (B2)

In Fb B 1 Blütenball häkeln. Den MM nicht entfernen und den Faden nicht abschneiden.

1. REIHE: 3 Lm, die Blütenballstreifen so hinlegen, dass der Blütenball C1 links liegt, 1 fM in die markierte M des Blütenballstreifens C1 häkeln und den MM entfernen, je 1 fM in die nächsten 89 fM des Blütenballstreifens C1 (= 90 fM); die Arbeit wenden und die restl M unbehäkelt lassen.

2. REIHE: 1 Lm, 1 fM in die 1. fM, 1 MM einhängen, je 1 fM in die nächsten 89 fM, je 1 fM in die nächsten 3 Lm, 1 Km in dieselbe Einstichstelle wie die Km am Ende des Blütenballs B2, die M mit 1 Lm sichern. Den Faden abschneiden und sichern.

5. BLÜTENBALLSTREIFEN (A2)

In Fb A 1 Blütenball häkeln. Den MM nicht entfernen und den Faden nicht abschneiden.

1. REIHE: 15 Lm, die Blütenballstreifen so hinlegen, dass der Blütenball B2 links liegt, 1 fM ins hMg der markierten M des Blütenballs B2 häkeln und den MM entfernen, je 1 fM ins hMg der nächsten 89 fM des Blütenballstreifens B2 (= 90 fM), 1 MM ins vMg der zuletzt gehäkelten M am Blütenballstreifen B2 einhängen; die Arbeit wenden und die restl M unbehäkelt lassen.

2. REIHE: 1 Lm, 1 fM in jede folg fM, dann je 1 fM in die nächsten 15 Lm, 1 Km in dieselbe Einstichstelle wie die Km am Ende des Blütenballs A2, die M mit 1 Lm sichern. Faden abschneiden und sichern.

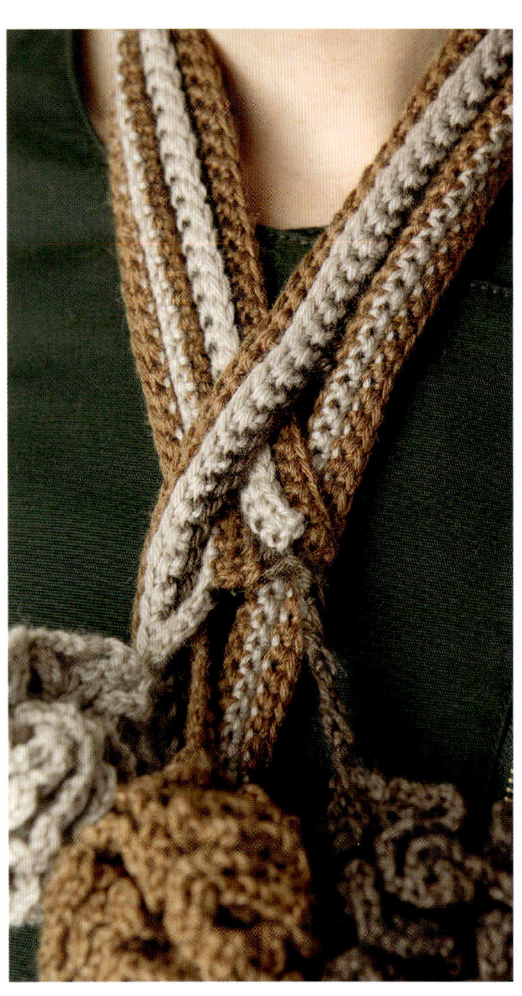

6. BLÜTENBALLSTREIFEN (C2)

In Fb C 1 Blütenball häkeln. Den MM nicht entfernen und den Faden nicht abschneiden.

1. REIHE: 6 Lm, die Blütenballstreifen so hinlegen, dass der Blütenball B2 rechts liegt, 1 fM ins vMg der markierten M des Blütenballstreifens B2 häkeln und den MM entfernen, je 1 fM in die nächsten 89 fM des Blütenballstreifens B2 (= 90 fM); die Arbeit wenden und die restl M unbehäkelt lassen.

2. REIHE: 1 Lm, 1 fM in jede folg fM, je 1 fM in die nächsten 6 Lm, 1 Km in dieselbe Einstichstelle wie die Km am Ende des Blütenballs C2, die M mit 1 Lm sichern. Den Faden abschneiden und sichern.

7. BLÜTENBALLSTREIFEN (C3)

In Fb C 1 Blütenball häkeln. Den MM nicht entfernen und den Faden nicht abschneiden.

1. REIHE: 20 Lm, die Blütenballstreifen so hinlegen, dass der Blütenball A1 links und die Lm-Kette des Anschlags oben liegt, 1 fM durch die 1. Anschlag-Lm des Blütenballstreifens A1, je 1 fM in die nächsten 89 Anschlag-Lm des Blütenballstreifens A1; die Arbeit wenden und die restl M unbehäkelt lassen.

2. REIHE: 1 Lm, 1 fM in jede folg Lm, je 1 fM in die nächsten 20 Lm, 1 Km in dieselbe Einstichstelle wie die Km am Ende des Blütenballs C3, die M mit 1 Lm sichern. Den Faden abschneiden und sichern.

FERTIGSTELLUNG

Fadenenden vernähen.

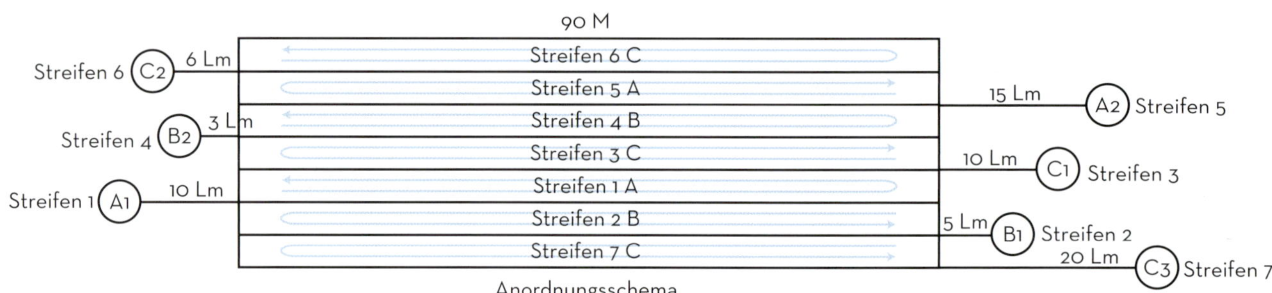

Anordnungsschema

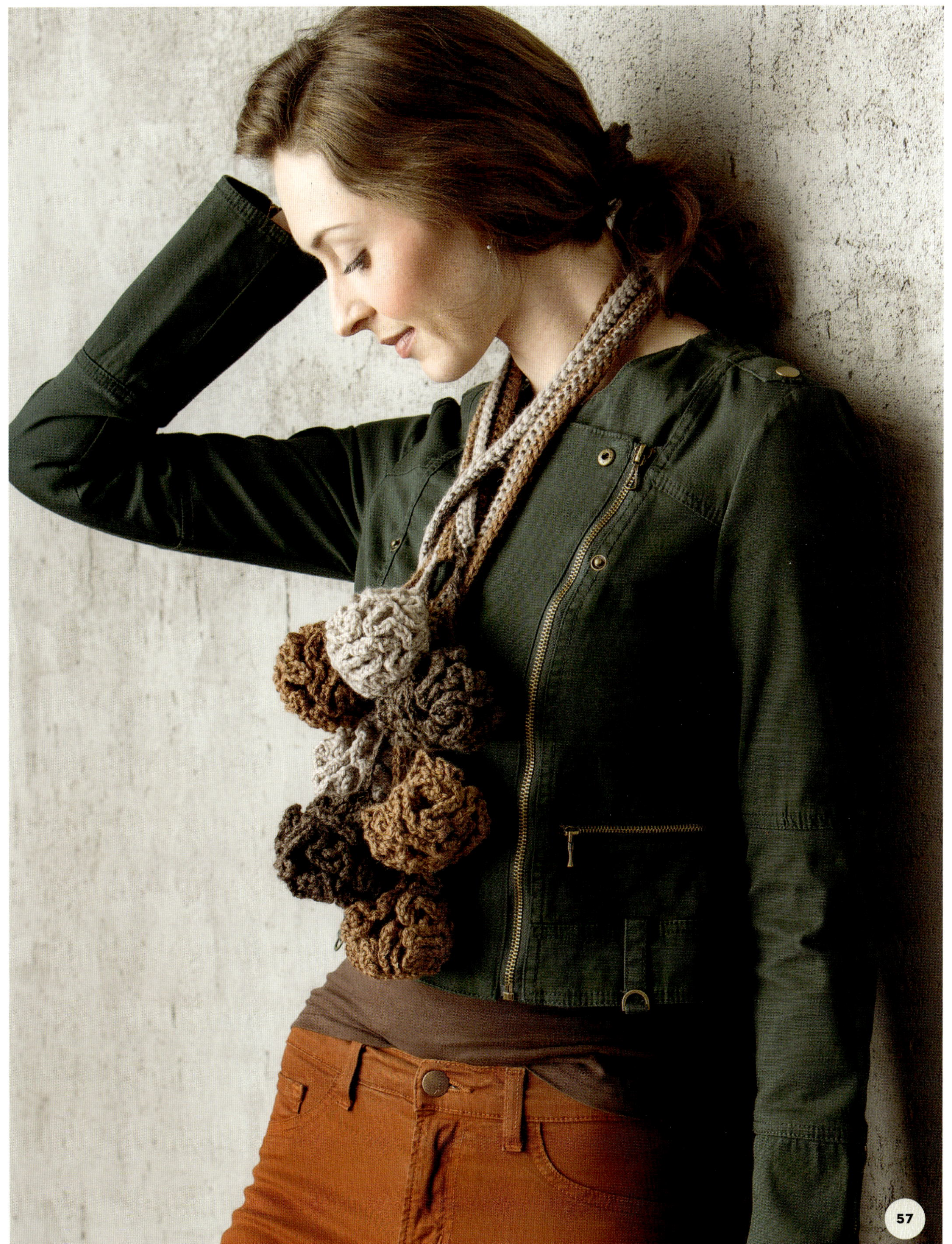

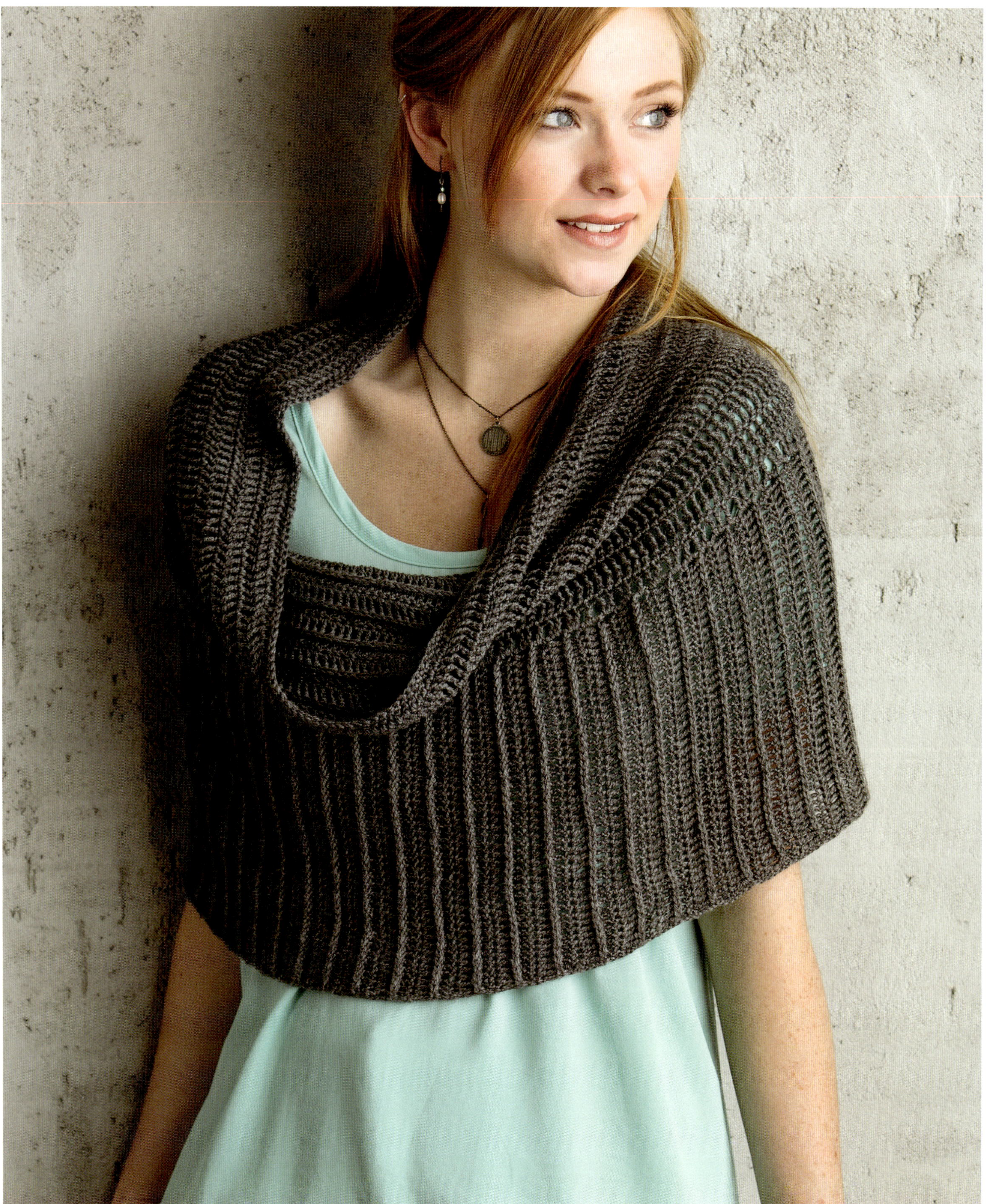

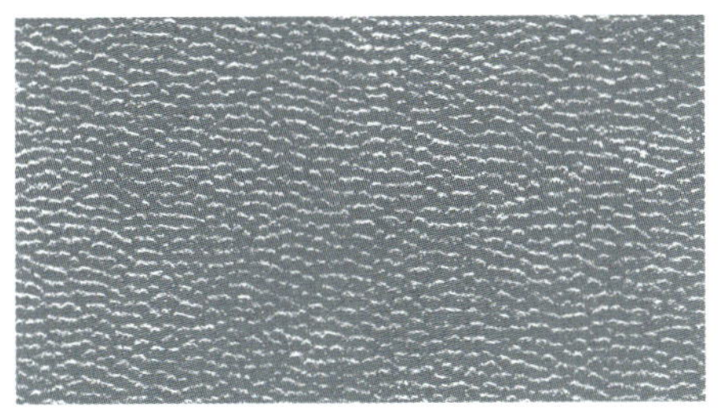

SCHIEFER*tafel*

Dieses Modell sollte zum einen schlicht, elegant und einfach zu häkeln sein, zum anderen aber auch raffiniert und interessant strukturiert. Ich habe durchweg dasselbe Muster verwendet: einen Rapport von zwei Reihen, der leicht nachzuarbeiten ist. Hauptteil und Kragen werden in unterschiedliche Richtungen gehäkelt. So bleibt der Schnitt elegant und klar. Der Kragen fällt weich über die Schultern und bringt die lineare Optik der Maschen gut zur Geltung.

GRÖSSE

S-M/M-L/L-XL

Umfang an der Unterkante: 108/122/136 cm

Umfang an der Oberkante: 85/96,5/103 cm

Höhe: 44,5/49,5/54 cm

Die Angaben für die verschiedenen Größen sind durch Schrägstriche voneinander getrennt. Steht nur eine Angabe, so gilt sie für alle Größen.

MATERIAL & ZUBEHÖR

Garn

Cascade Heritage Silk (85 % Superwash-Merinowolle, 15 % Maulbeerseide; LL 400 m/100 g) in Dunkelgrau, 200/400/500 g

Häkelnadeln

4,0 mm und 5 mm

Wählen Sie gegebenenfalls eine dickere oder dünnere Häkelnadel, um die angegebene Maschenprobe zu erzielen.

Zubehör

Wollnadel oder Sticknadel ohne Spitze

MASCHENPROBE

Ca. 19 M und 9 R mit der dünneren Häkelnd im Grundmuster gehäkelt = 10 cm x 10 cm (nach dem Spannen)

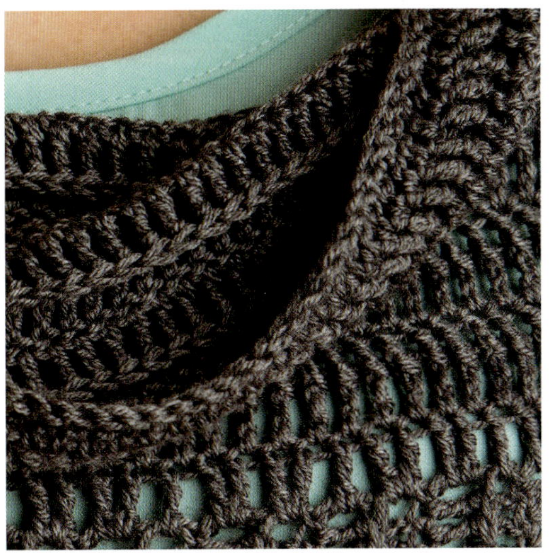

Maschen & Muster

RELIEFDOPPELSTÄBCHEN VORNE (RDSTBV)

Den Faden 2 x um die Häkelnd wickeln (= 2 U), von vorne nach hinten und wieder nach vorne um den Stiel der nächsten M herumstechen, den Faden holen und nach vorne durchziehen, * den Faden holen und durch 2 Schlingen auf der Häkelnd ziehen; ab * noch 2 x wdh.

GRUNDMUSTER
(in Reihen über eine beliebige M-Zahl gehäkelt)

1. REIHE (HINR): 4 Lm (für 1 DStb), 1 Dstb in jede folg M bis R-Ende; wenden.

2. REIHE (RÜCKR): 3 Lm (für 1 Stb), 1 RDStbv (siehe oben) um jede folg M bis zur letzten M, 1 Stb in die letzte M; wenden.

1. und 2. R stets wdh.

GRUNDMUSTER
(in Runden über eine beliebige M-Zahl gehäkelt)

1. RUNDE (VON DER LINKEN SEITE DER ARBEIT): 4 Lm (für 1 DStb), 1 DStb in jede folg M bis Rd-Ende, die Rd mit 1 Km in die oberste der 4 Anfangs-Lm schließen.

2. RUNDE (VON DER RECHTEN SEITE DER ARBEIT): Die Häkelnd wie für eine vordere Relief-M von vorne nach hinten um den vertikalen Stiel der 1. M einstechen, den Faden holen und wie für eine Km durchziehen, 4 Lm (für das Anfangs-RDStbv), 1 RDStbv in jede folg M bis Rd- Ende, die Rd mit 1 Km in die oberste der 4 Anfangs-Lm schließen; wenden.

1. und 2. Rd stets wdh.

Anleitung

UNTERHALB DER SCHULTERPASSE (CAPE)

Mit der dickeren Häkelnd 42/46/51 Lm anschl. Hinweis: Wenn der Cape-Teil länger werden soll, schlagen Sie einfach einige Lm mehr an. Das Muster lässt sich mit jeder beliebigen M-Zahl arb.

Zur dünneren Häkelnd wechseln und die Einteilungs-R (zählt als 1. R) häkeln wie folgt:

EINTEILUNGSREIHE: 4 Lm (für 1 DStb), 1 DStb in die 5. Lm von der Häkelnd aus, 1 DStb in jede folg Lm bis R-Ende; wenden (= 43/47/52 DStb)

96/108/120 R (einschließlich Einteilungs-R) im Grundmuster häkeln (siehe „Maschen & Muster") wie folgt:

Die 2. R des Grundmusters arb (= Rückr). Dann die 1. und 2. R des Grundmusters (= Musterrapport) noch 47/53/59 x wdh.

Hinweis: *Nach dem Spannen hat die Häkelarbeit eine Höhe (= Cape-Umfang) von ca. 108/122/136 cm. Um sicherzugehen, dass die Maße stimmen, sollten Sie das Häkelrechteck an dieser Stelle bereits spannen, anfeuchten und trocknen lassen.*

Den Faden bis auf ein ca. 40 cm langes Fadenende zum Zusammennähen abschneiden. Mit diesem Fadenstück die M der letzten R passgenau an die Lm der Anschlag-R nähen, sodass ein Schlauch entsteht.

SCHULTERPASSE UND KRAGEN

Hinweis: *Hier liegt der plastisch strukturierte Teil des Musters auf der Innenseite, sodass er bei nach außen umgeschlagenem Kragen sichtbar wird.*

Den soeben fertiggestellten Schlauch hinlegen und den Faden von der rechten Seite der Arbeit mit 1 Km um den Stiel einer beliebigen Randm (DStb oder Stb) an der Oberkante des Schlauches anschlingen. Die Einteilungs-Rd häkeln wie folgt:

NUR GRÖSSE S–M UND M–L

EINTEILUNGSRUNDE (VON DER RECHTEN SEITE DER ARBEIT: 4 Lm (für 1 DStb), 1 DStb in dieselbe Einstichstelle, 2 DStb in die nächste Randm, 1 DStb in die folg Rand-M, * 2 x [2 DStb in die nächste Randm], 1 DStb in die folg Randm; ab * fortlfd wdh bis Rd-Ende, die Rd mit 1 Km in die oberste der 4 Anfangs-Lm schließen (= 160/180/- M).

Zeichenerklärung

- = 1 Luftmasche (Lm)
- • = 1 Kettmasche (Km)
- = 1 Stäbchen (Stb)
- = 1 Doppelstäbchen
- = 1 Reliefdoppelstäbchen vorne (RDStbv)

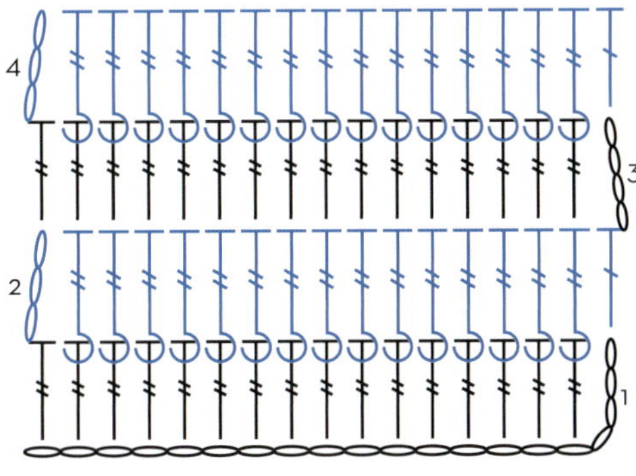

Häkelschrift für das Grundmuster in Reihen

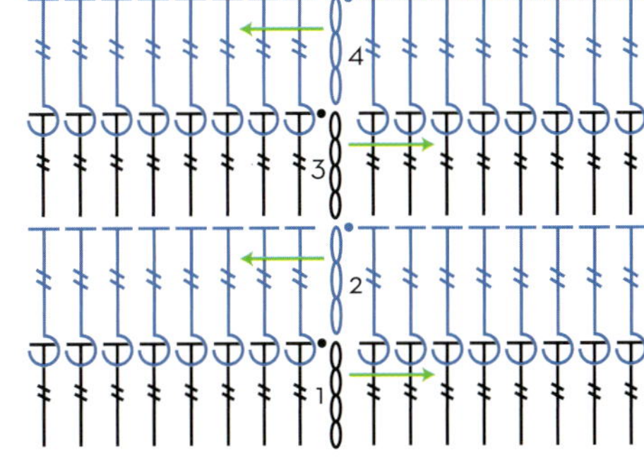

Häkelschrift für das Grundmuster in Runden

Die Häkelschriften zeigen nur einen Teil der M; Rest sinngemäß ergänzen.

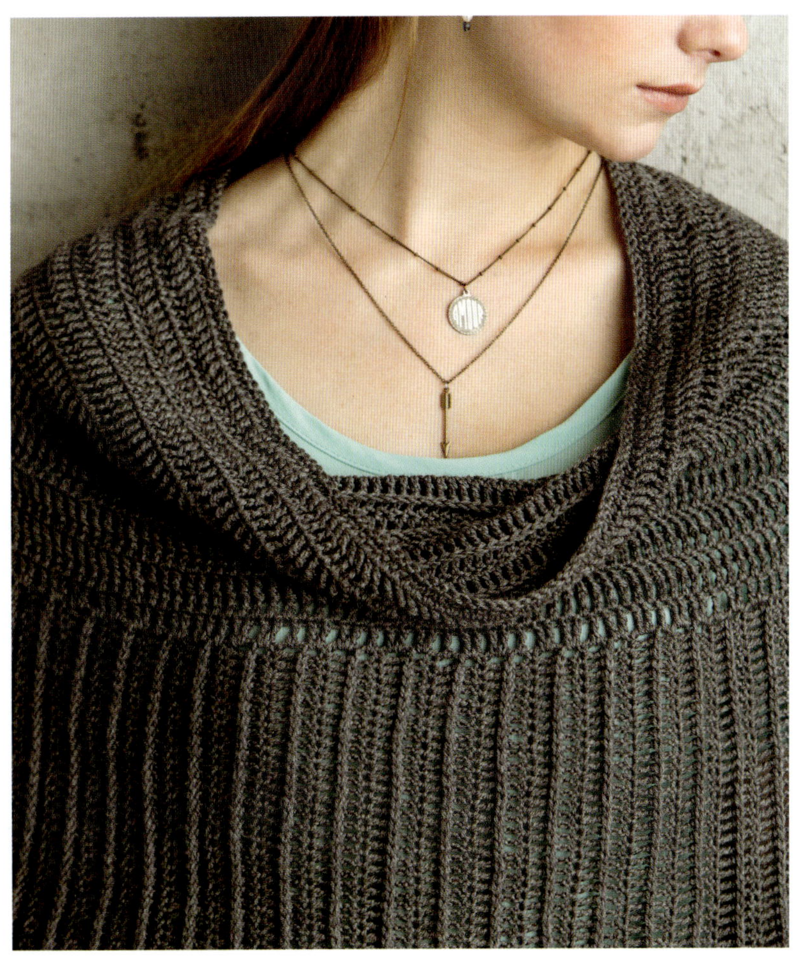

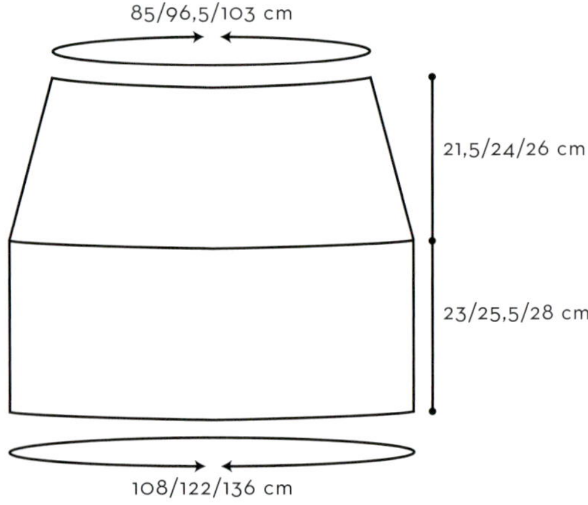

NUR GRÖSSE L-XL

EINTEILUNGSRUNDE (VON DER RECHTEN SEITE DER ARBEIT): 4 Lm (für 1 DStb), 1 DStb in dieselbe Einstichstelle, 2 x [2 DStb in die nächste Randm, 1 DStb in die folg Randm], * 2 DStb in die nächste Randm, 2 x [2 DStb in die nächste Randm, 1 DStb in die folg Randm]; ab * fortlfd wdh bis Rd-Ende, die Rd mit 1 Km in die oberste der 4 Anfangs-Lm schließen; wenden (= -/-/192 DStb).

ALLE GRÖSSEN

Im Grundmuster in Rd weiterhäkeln wie folgt: 1. und 2. Rd 9/10/11 x häkeln, dann die 1. Rd noch 1 x wdh. Faden abschnei d sichern.

FERTIGSTELLUNG

Fadenenden vernähen. Cape spannen, anfeuchten und trocknen lassen.

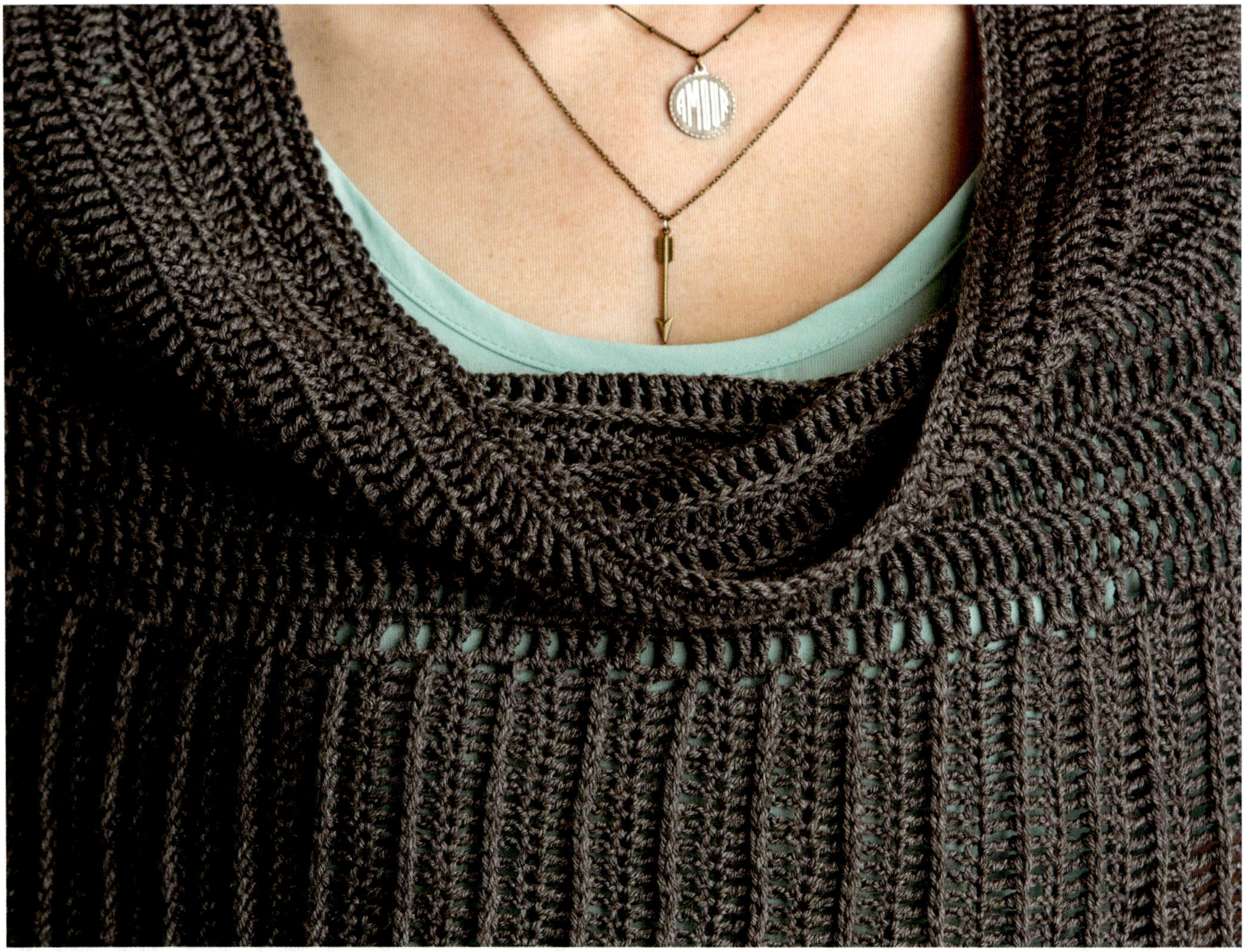

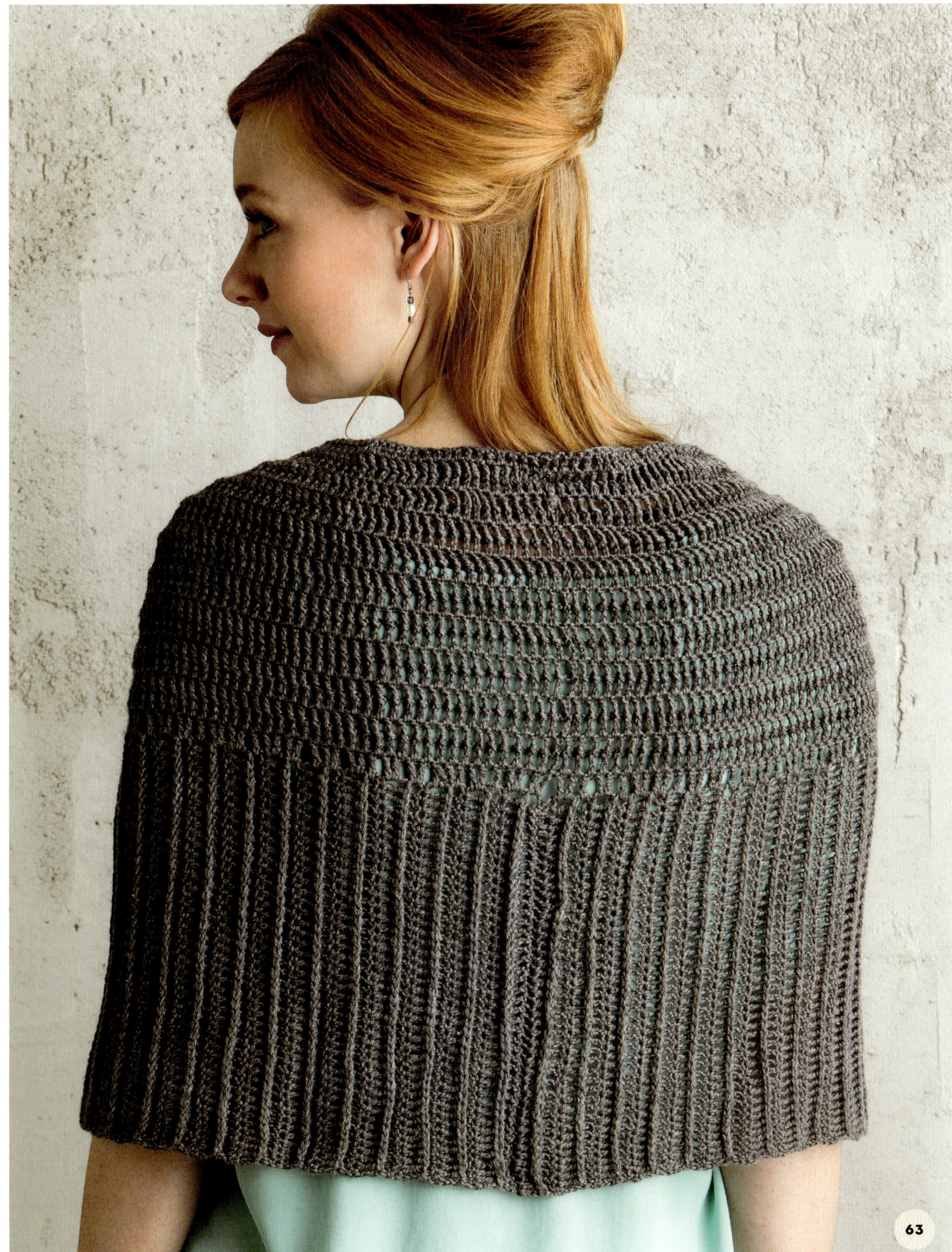

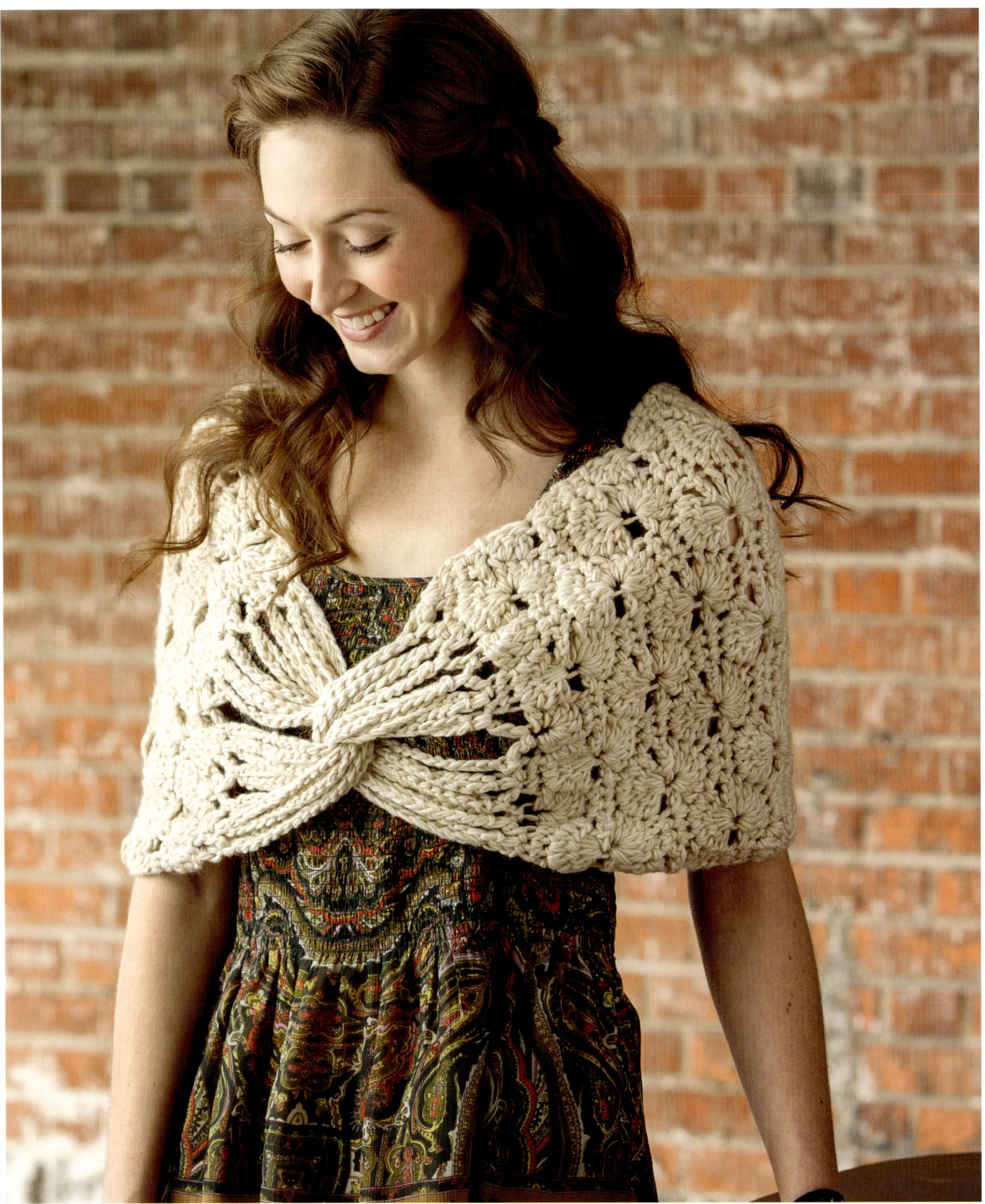

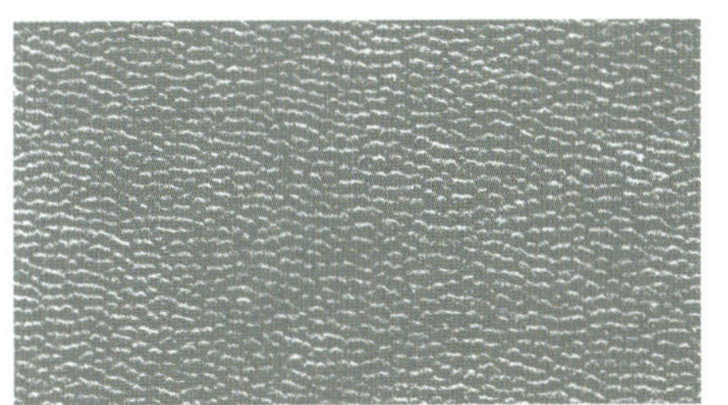

GRÖSSE

S/M-L/XL-XXL

Höhe beim Tragen: 35,5/35,5/ 44 cm

Umfang: 84/99/114,5 cm

Die Angaben für die drei Größen sind durch Schrägstriche voneinander getrennt. Steht nur eine Angabe, so gilt sie für alle drei Größen.

MATERIAL & ZUBEHÖR

Garn

Garn

Cascade Eco Duo (70 % Baby-Alpaka, 30 % Merinowolle; LL 180 m/100 g) in Vanilla (Fb 1705), 300/400/600 g

Häkelnadel

9,0 mm

Wählen Sie gegebenenfalls eine dickere oder dünnere Häkelnadel, um die angegebene Maschenprobe zu erzielen.

Zubehör

Wollnadel oder Sticknadel ohne Spitze

Maschenmarkierer oder kontrastfarbene Garnreste

Hilfsgarn

MASCHENPROBE

10 M und 4 R (= 1 Rapport des Radmusters) mit doppeltem Faden gehäkelt = 8,5 cm x 7,5 cm (nach dem Spannen)

SAND *dollar*

Alpaka-Mischgarne und einfädig versponnene Garne sind zwei meiner Lieblingsmaterialien beim Häkeln. Kombiniert man beides, so entsteht ein wunderschönes Ergebnis. Deshalb habe ich für dieses Model Eco Duo, mein Lieblingsgarn für meine ganz persönlichen Häkelprojekte, gewählt. Um das Radmuster dicker zu machen, häkelte ich zweifädig und legte den Schnitt so einfach an, dass das Häkelmuster als Blickfang wirkt. Die Struktur der gekreuzten Kordeln in der vorderen Mitte bildet einen reizvollen Kontrast zu der warmen Kuscheloptik des Hauptteils.

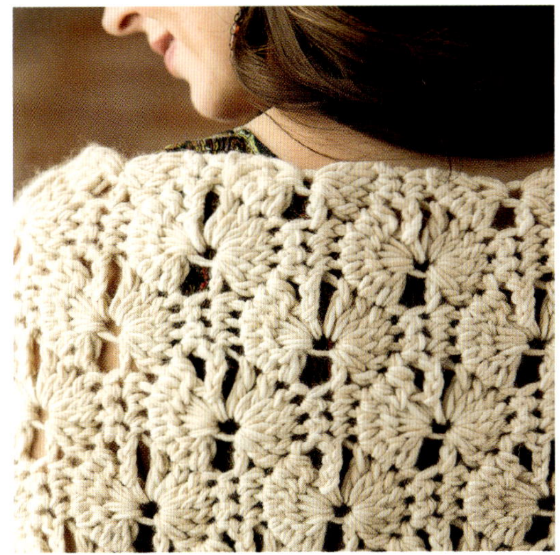

Maschen & Muster

7 STB ZUS ABM

* 1 U, Häkelnd in die nächste M einstechen, Faden holen und durch die M ziehen, Faden holen und durch 2 Schlingen auf der Häkelnd ziehen; ab * noch 6 x wdh, dann den Faden holen und durch alle 8 Schlingen auf der Häkelnd ziehen.

4 STB ZUS ABM

* 1 U, Häkelnd in die nächste M einstechen, Faden holen und durch die M ziehen, Faden holen und durch 2 Schlingen auf der Häkelnd ziehen; ab * noch 3 x wdh, dabei stets in dieselbe Einstichstelle einstechen, dann den Faden holen und durch alle 5 Schlingen auf der Häkelnd ziehen.

3 STB ZUS ABM

* 1 U, Häkelnd in die nächste M einstechen, Faden holen und durch die M ziehen, Faden holen und durch 2 Schlingen auf der Häkelnd ziehen; ab * noch 2 x wdh, dabei stets in dieselbe Einstichstelle einstechen, dann den Faden holen und durch alle 4 Schlingen auf der Häkelnd ziehen.

RADMUSTER
(M-Zahl teilbar durch 10 + 1 M)

1. REIHE (HINR): 3 Lm (für 1 Stb), 3 Stb in die 4. Lm von der Häkelnd aus, * die nächsten 3 Lm übergehen, je 1 fM in die nächsten 3 Lm, die nächsten 3 Lm übergehen **, 7 Stb in die nächste Lm; ab * fortlfd wdh, den letzten Rapport bei ** beenden, 4 Stb in die letzte Lm; wenden.

2. REIHE (RÜCKR): 1 Lm, je 1 fM in die ersten 2 Stb, * 3 Lm, über den nächsten 7 M 7 Stb zus abm (siehe oben), 3 Lm **, je 1 fM in die nächsten 3 Stb; ab * fortlfd wdh, den letzten Rapport bei ** beenden, je 1 fM in die letzten 2 Stb; wenden.

3. REIHE: 1 Lm, je 1 fM in die ersten 2 fM, * 7 Stb in die 3. Lm des nächsten 3-Lm-Bogens, die zus abgemaschten 7 Stb übergehen, die nächsten 3 Lm übergehen, je 1 fM in die nächsten 3 fM; ab * fortlfd wdh, den letzten Rapport bei ** beenden, je 1 fM in die letzten 2 fM; wenden.

4. REIHE: 2 Lm, die 1. fM übergehen, über den nächsten 3 M 3 Stb zus abm (siehe oben), * 3 Lm, je 1 fM in die nächsten 3 Stb, 3 Lm **, über den nächsten 7 M 7 Stb zus abm; ab * fortlfd wdh, den letzten Rapport bei ** beenden, über den letzten 4 M 4 Stb zus abm (siehe oben), 1 Lm; wenden.

5. REIHE: Weitere 3 Lm (für 1 Stb), 3 Stb in die 4. Lm von der Häkelnd aus, * die nächsten 3 Lm übergehen, je 1 fM in die nächsten 3 fM **, 7 Stb in die 3. Lm des nächsten 3-Lm-Bogens; ab * fortlfd wdh, den letzten Rapport bei ** beenden, 4 Stb in die 3. Lm des letzten 3-Lm-Bogens; wenden.

2.–5. R stets wdh.

Anleitung

Hinweis: *Durchweg mit doppeltem Faden häkeln.*

HAUPTTEIL

Mit doppeltem Faden 41/41/51 Lm anschl.

Die 1. R des Radmusters häkeln (siehe »Maschen & Muster«), dann MM in die Anschlagkette einhängen wie folgt:

Je 1 MM in die 1. und letzte Lm (= 2 MM), in jeden 3-Lm-Bogen (= 8/8/10 MM) und in die jeweils mittlere der 3 Lm, in die die 3 fM gehäkelt wurden (= 4/4/5 MM). Diese insgesamt 14/14/17 MM werden später beim Häkeln der vorderen Verschlusskordeln gebraucht.

Im Radmuster häkeln wie folgt:

Die 2.–5. R 8/10/12 x häkeln, dann die 2.-4. R noch 1 x häkeln. Die Fäden nicht abschneiden.

In die letzte R MM einhängen wie folgt: in die Abmaschglieder der 1. und der letzten M (= 2 MM), in jeden 3-Lm-Bogen (= 8/8/10 MM) und in die mittlere fM jeder 3-fM-Gruppe (= 4/4/5 M). Damit hängen auch in der letzten R 14/14/17 MM.

VERSCHLUSSKORDELN

Mit doppeltem Faden 1 Lm arb, 1 fM in die 1. markierte Einstichstelle auf der rechten Seite (siehe Seite 68, Masche A). MM entfernen, 25 Lm häkeln, dann 1 fM in die 1. markierte Einstichstelle auf der linken Seite arb (siehe Seite 68, Masche N/N/Q).

Den MM entfernen, 25 Lm häkeln, 1 fM in die 1. markierte Stelle auf der rechten Seite (siehe Seite 68, Masche B).

Den MM entfernen, 25 Lm häkeln, dann 1 fM in die 1. markierte Stelle auf der linken Seite arb (siehe Seite 68, Masche M/M/P).

Den MM entfernen, 25 Lm häkeln, dann 1 fM in die 1. markierte Stelle auf der rechten Seite arb (siehe Seite 68, Masche C).

Auf diese Weise weiterarb, bis alle MM entfernt sind.

Faden abschneiden und sichern.

Alle 25-Lm-Ketten in der Mitte zusammenfassen und mit einem Hilfsfaden abbinden.

Dann an die Anschlagkante Lm-Ketten anhäkeln wie folgt:

Die Häkelarbeit nun links auf links mittig zusammenlegen, sodass die Anschlagkante oben und die Kante mit den abgebundenen Lm-Ketten unter der Anschlagkante liegt.

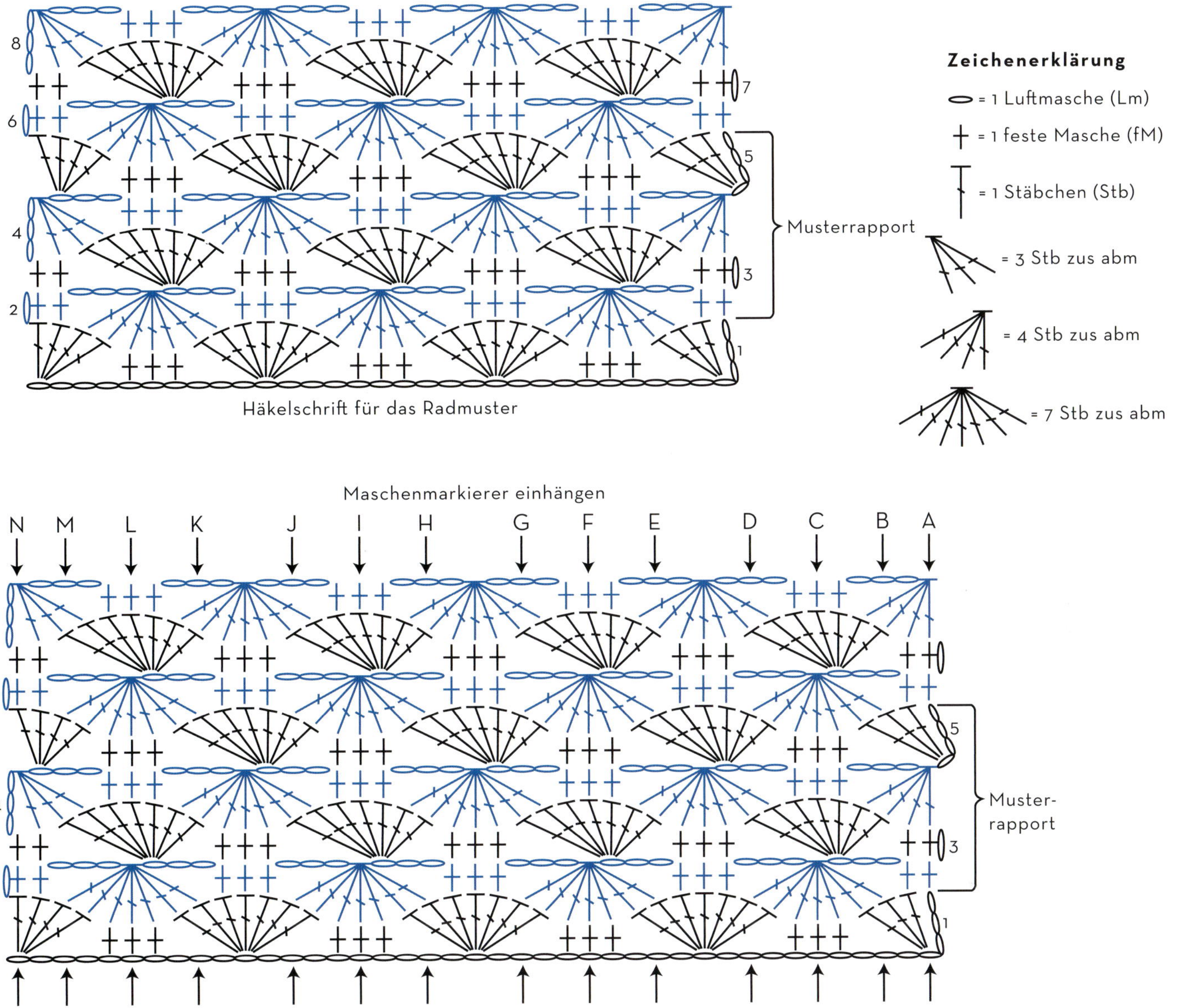

Häkelschrift für das Radmuster

Die Häkelnd in die 1. markierte Anschlag-Lm auf der rechten Seite einstechen, 1 Lm häkeln, 1 fM in dieselbe Lm, den MM entfernen, 25 Lm häkeln, dann die Lm-Kette von hinten nach vorne durch die Schlinge der gebündelten Lm-Ketten führen und 1 fM in die 1. markierte Stelle an der linken Seite arb.

Den MM entfernen, 25 Lm häkeln, die Lm-Kette von hinten nach vorne durch die Schlinge der gebündelten Lm-Ketten führen, 1 fM in die 1. markierte Stelle auf der rechten Seite arb.

Den MM entfernen, 25 Lm häkeln, die Lm-Kette von hinten nach vorne durch die Schlinge der gebündelten Lm-Ketten führen, 1 fM in die 1. markierte Stelle auf der linken Seite arb.

Den MM entfernen, 25 Lm häkeln, die Lm-Kette von hinten nach vorne durch die Schlinge der gebündelten Lm-Ketten führen, 1 fM in die 1. markierte Stelle auf der rechten Seite arb.

So weiterarb, bis alle MM entfernt sind; Faden abschneiden und sichern.

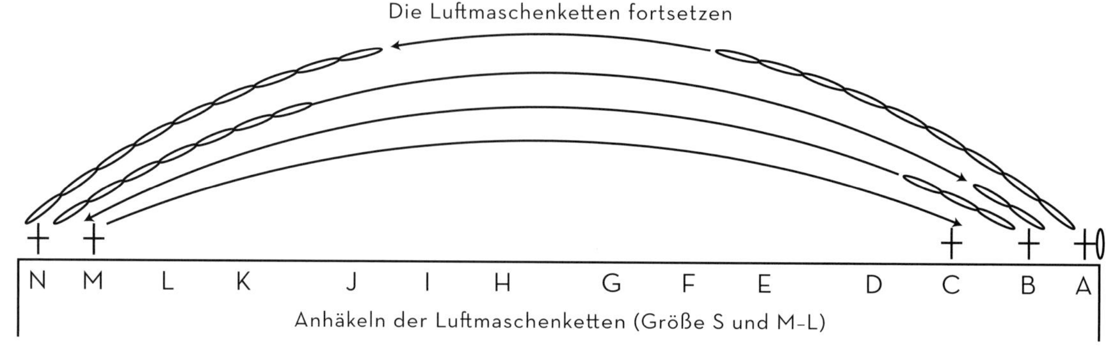

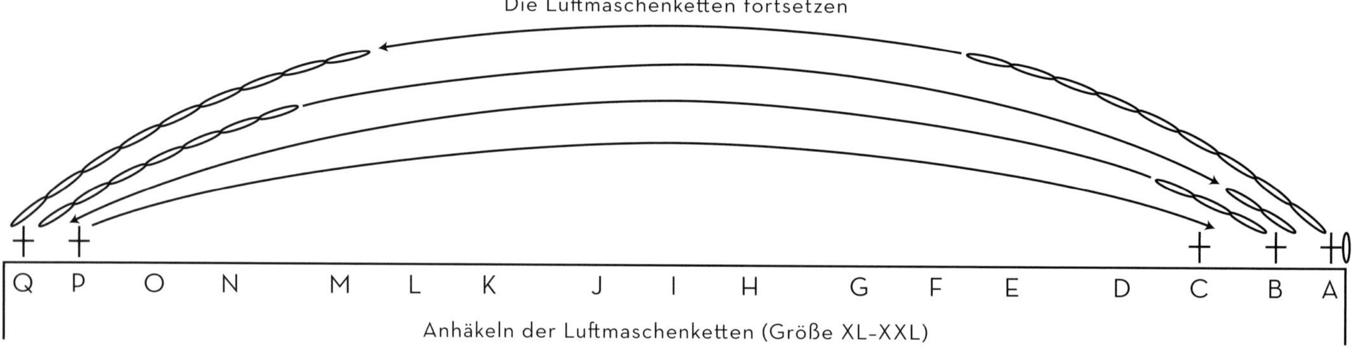

FERTIGSTELLUNG

Hilfsfaden entfernen, mit dem die ersten 25 Lm-Ketten gebündelt waren. Alle Fadenenden vernähen. Häkelmodell spannen, anfeuchten und trocknen lassen.

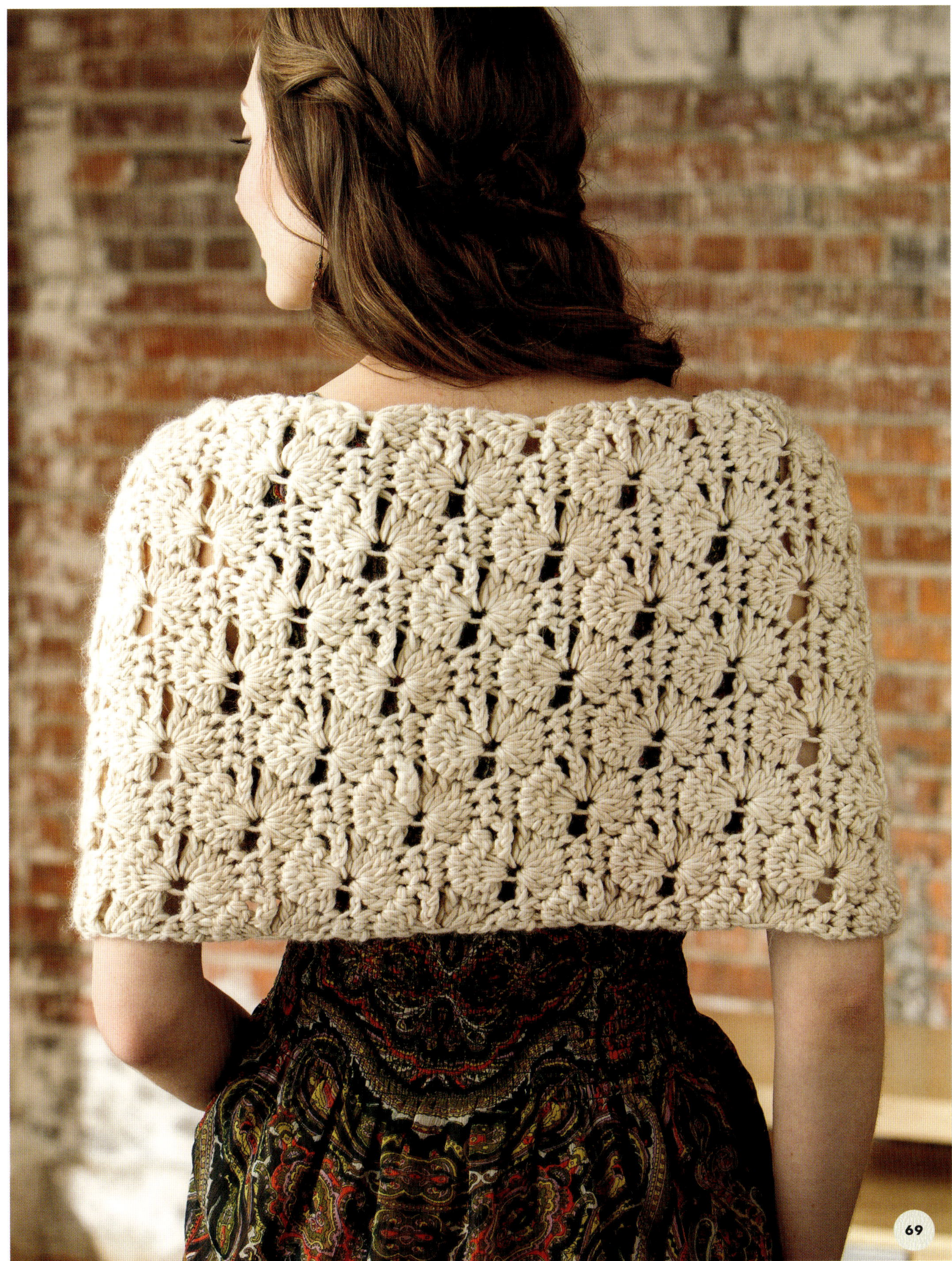

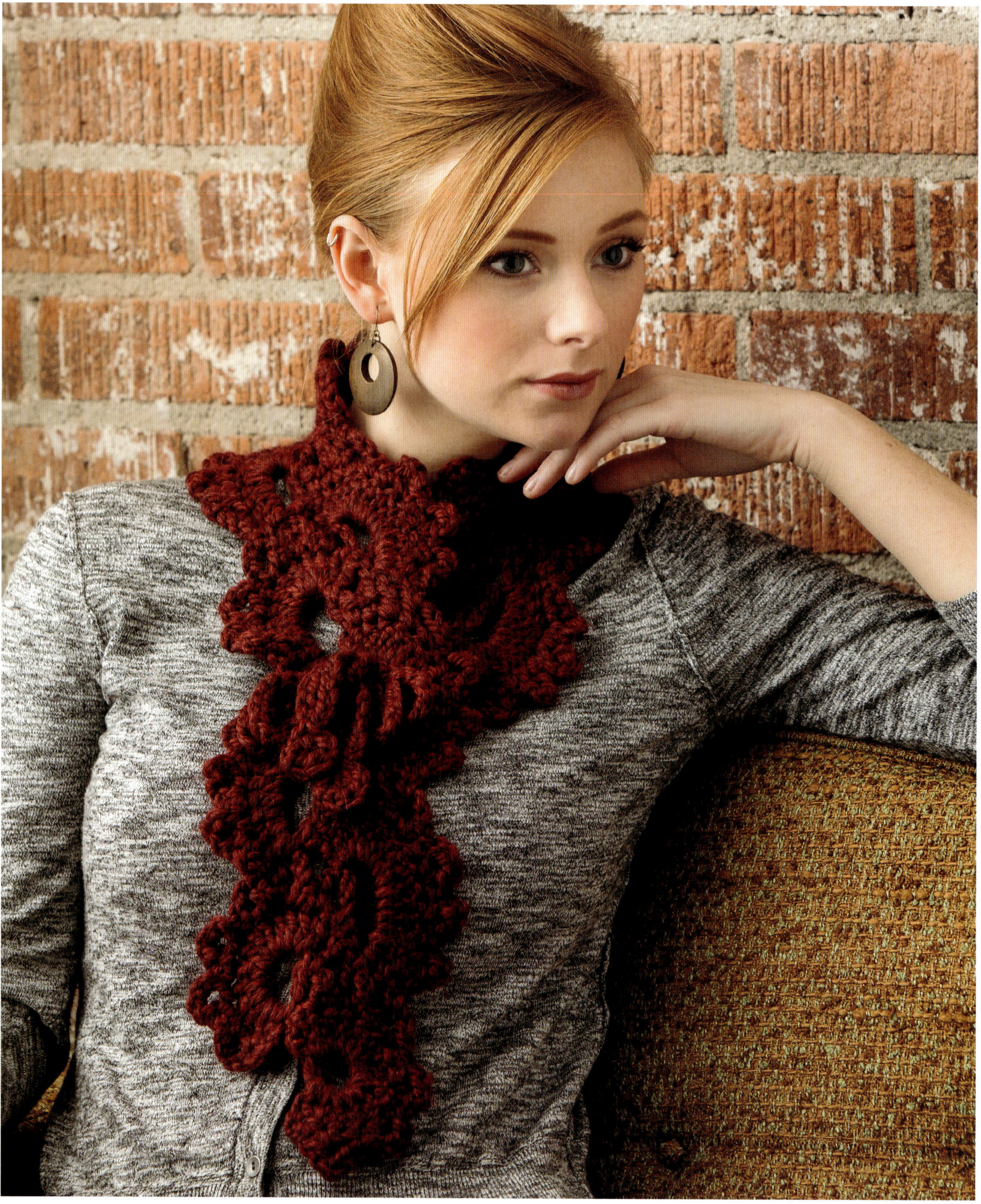

SEE*rose*

Dieses Ein-Knäuel-Modell ist im Handumdrehen aus voluminösem Garn mit dicker Nadel gehäkelt: Der »Seerosen«-Schal besteht aus vielen Blütenmotiven, von denen jedes an die letzte Masche des vorhergehenden Motivs angehäkelt wird. Zum Tragen dieses Halswärmers zieht man die Kordel durch die Mitte der Motive. Die gerundete Form der Blüten umrahmt den Ausschnitt reizvoll.

GRÖSSE

Breite 15 cm, Länge 86,5 cm

MATERIAL & ZUBEHÖR

Garn

Misti Alpaca (100 % Alpaka; LL 99 m/100 g) in Ember Melange (Fb M623), 100 g

Häkelnadel

9,0 mm

Wählen Sie gegebenenfalls eine dickere oder dünnere Häkelnadel, um die angegebene Maschenprobe zu erzielen.

Zubehör

Wollnadel oder Sticknadel ohne Spitze, Maschenmarkierer

MASCHENPROBE

1. Motiv = Ø 11,5 cm

6 Stb = 5 cm breit (nach dem Spannen)

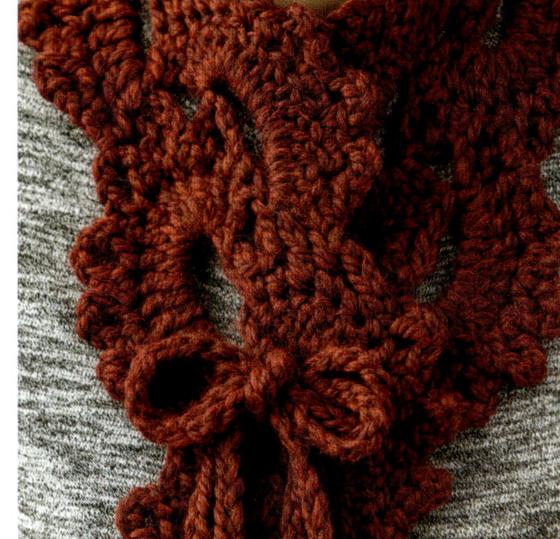

Hinweis

Die Motive werden während des Häkelns miteinander verbunden.

Anleitung

1. MOTIV

6 Lm anschl und mit 1 Km in die 1. Lm zum Ring schließen.

1. REIHE: 3 Lm (für 1 Stb), 13 Stb in den Ring häkeln; wenden (= 14 Stb).

2. REIHE: 1 Lm, je 1 fM in die ersten 2 Stb, 6 x [4 Lm, je 1 fM in die nächsten 2 Stb], 1 MM in den letzten 4-Lm-Bogen einhängen; wenden (= 6 Lm-Bogen à 4 Lm). Den Faden nicht abschneiden.

2. MOTIV

6 Lm, 1 Km in den markierten 4-Lm-Bogen des 1. Motivs; den MM entfernen, wenden.

1. REIHE: 3 Lm (für 1 Stb), 13 Stb in den 6-Lm-Ring; wenden (= 14 Stb).

2. REIHE: 1 Lm, je 1 fM in die ersten 2 Stb, 6 x [4 Lm, je 1 fM in die nächsten 2 Stb], 1 MM in den letzten 4-Lm-Bogen einhängen, 1 Km in den nächsten freien 4-Lm-Bogen des 1. Motivs; wenden (= 6 Lm-Bogen à 4 Lm]. Den Faden nicht abschneiden.

3. MOTIV

6 Lm, 1 Km in den markierten 4-Lm-Bogen des 2. Motivs; den MM entfernen, wenden.

1. REIHE: 3 Lm (für 1 Stb), 13 Stb in den 6-Lm-Ring, 1 Km in den nächsten freien 4-Lm-Bogen des vorhergehenden Motivs; wenden (= 14 Stb).

2. REIHE: 1 Lm, je 1 fM in die ersten 2 Stb, 6 x [4 Lm, je 1 fM in die nächsten 2 Stb], 1 MM in den letzten 4-Lm-Bogen einhängen, 1 Km in den nächsten freien 4-Lm-Bogen des vorhergehenden Motivs; wenden (= 6 Lm-Bogen à 4 Lm). Den Faden nicht abschneiden.

4.–14. MOTIV

Das 3. Motiv noch 11 x wdh (= 14 Motive insgesamt).

Den MM aus dem letzten 4-Lm-Bogen des letzten (= 14.) Motivs nicht entfernen. Einen weiteren MM in den nächsten Lm-Bogen des 13. Motivs einhängen. An diesen Stellen werden im nächsten Schritt die Kordeln angehäkelt.

Faden abschneiden und sichern.

1. KORDEL

Den Faden an einem der beiden markierten 4-Lm-Bogen anschlingen, 2 x [10 Lm häkeln, 1 MM in die letzte Lm einhängen], 12 Lm, [2 Stb, 2 Lm, 1 Km] in die 3. Lm von der Häkelnd aus, 9 Lm, 2 x [die nächsten 9 Lm übergehen, 1 Km in die nächste markierte Lm], 9 Lm, 1 Km in den 4-Lm-Bogen des Motivs, an dem die Kordel begonnen wurde. Faden abschneiden und sichern.

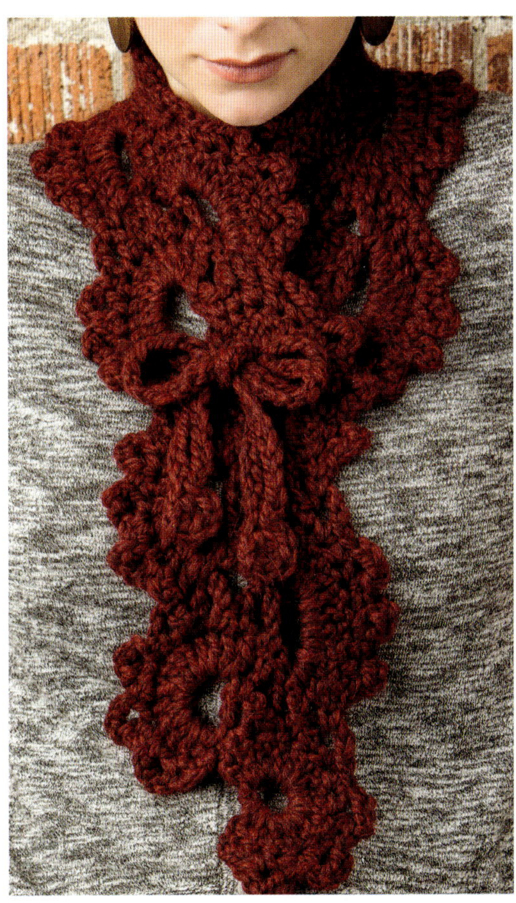

2. KORDEL

Wie die 1. Kordel häkeln, jedoch beim anderen markierten 4-Lm-Bogen beginnen.

FERTIGSTELLUNG

Alle MM entfernen. Die Fadenenden vernähen. Den Schal spannen, anfeuchten und trocknen lassen.

Zeichenerklärung

- ⬭ = 1 Luftmasche (Lm)
- • = 1 Kettmasche (Km)
- + = 1 feste Masche (fM)
- Ŧ = 1 Stäbchen (Stb)
- * = 1 Maschenmarkierer (MM)

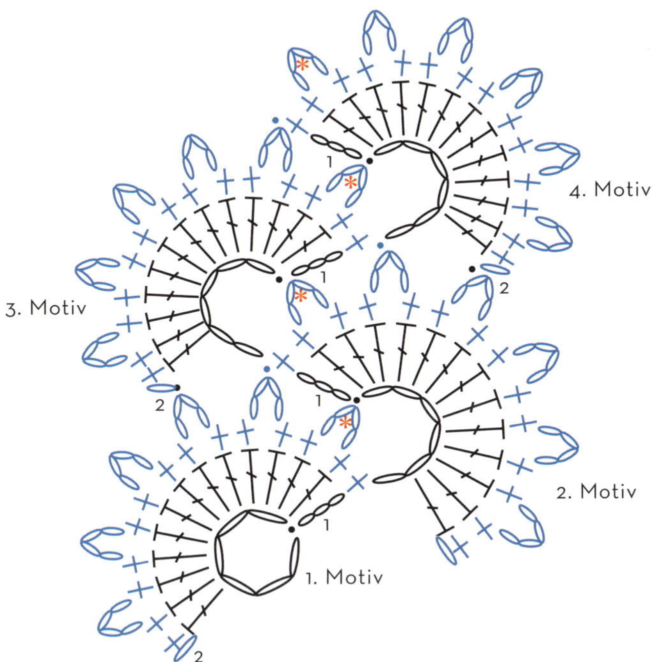

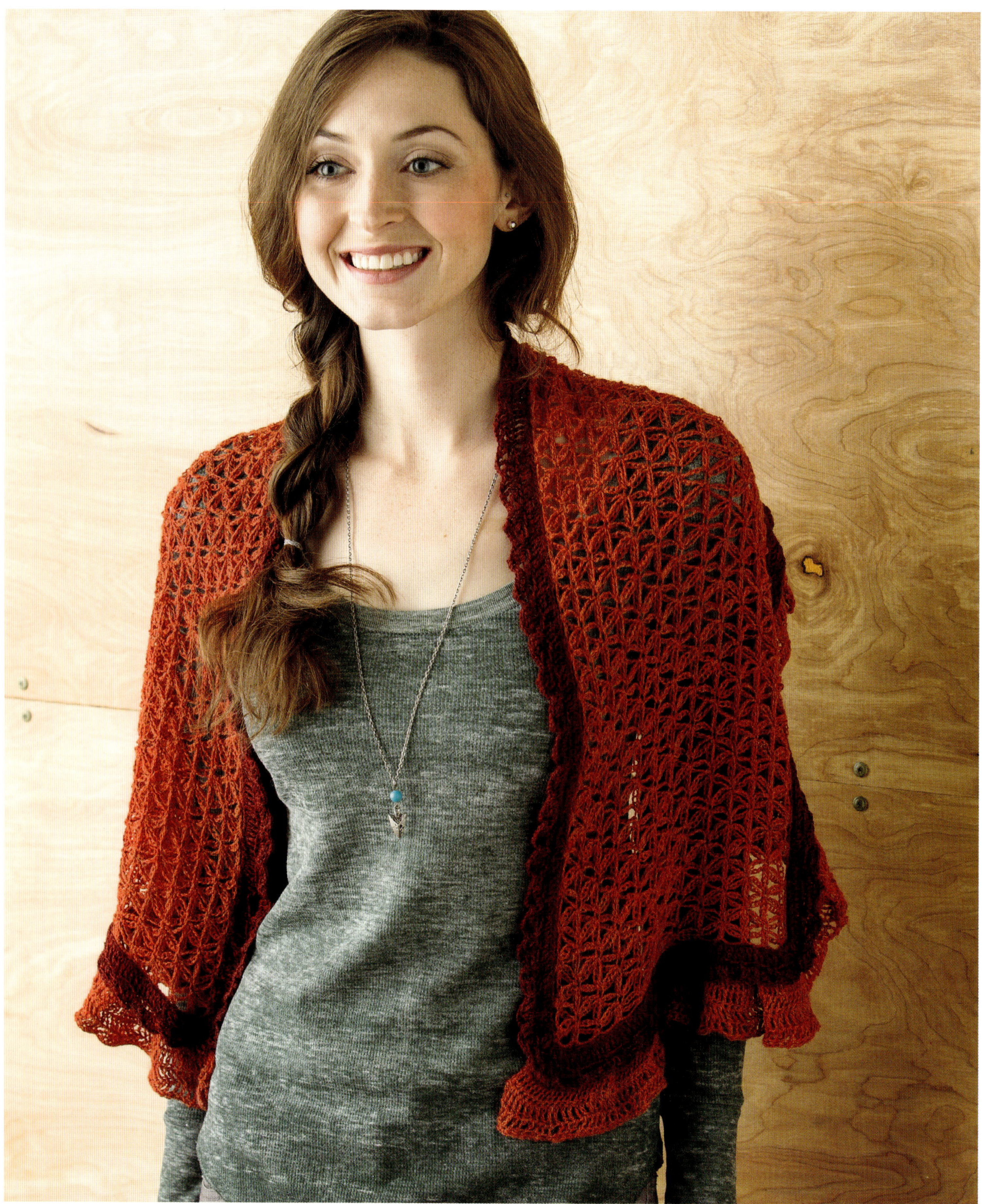

GRÖSSE

Höhe 28 cm (einschließlich der breiteren Rüschenkante), Breite 132 cm

MATERIAL & ZUBEHÖR

Garn

Cascade Alpaca Lace (100 % Baby-Alpaka; LL 400 m/50 g):

A Provence (Fb 1425), 100 g

B Red Wine Heather (Fb 1415), 50 g

Häkelnadeln

2,5 mm, 3 mm und 3,5 mm

Wählen Sie gegebenenfalls eine dickere oder dünnere Häkelnadel, um die angegebene Maschenprobe zu erzielen.

Zubehör

Wollnadel oder Sticknadel ohne Spitze; Maschenmarkierer, verschließbar (alternativ dazu erfüllen Fadenschlaufen aus Hilfsgarn denselben Zweck)

MASCHENPROBE

13 DStb mit der Häkelnd mittlerer Stärke gearbeitet = 5 cm breit

SEE*stern*

Ich verwende selten superfeine Lacegarne für meine verschiedenen Modelle, denn mir erscheinen diese oft zu filigran und zu zart. Ich liebe Häkelarbeiten mit kräftiger Struktur und Volumen. Doch dieses Alpakagarn hat mich dazu inspiriert, auszuprobieren, wie ich es für eine Stola in meinem Stil verwenden könnte. Ich war begeistert, welch hübsche Struktur die Häkelarbeit bekam, wenn ich die Luftmaschenketten mit einer dickeren Nadel arbeitete.

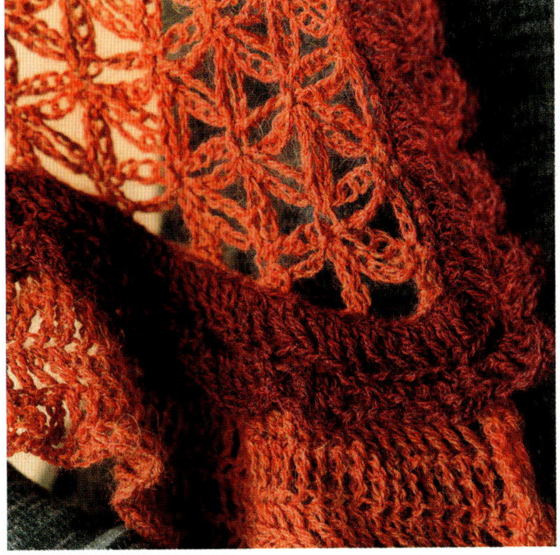

Maschen & Muster

SEESTERNMUSTER
(M-Zahl teilbar durch 6 + 2)

1. REIHE: 1 Lm, 1 fM ins 1. DStb, 9 Lm, 1 Km in die 1. fM, * 4 Lm, die nächste fM und den nächsten 4-Lm-Bogen übergehen, 1 Km in die nächste fM **, 2 x [9 Lm, 1 Km in dieselbe fM]; ab * fortlfd wdh, den letzten Rapport bei ** beenden, 9 Lm, 1 Km in dieselbe fM, 1 fM ins letzte DStb; wenden.

2. REIHE: 6 Lm (für 1 DStb + 2 Lm), je 1 fM in die ersten beiden 9-Lm-Bogen, * 4 Lm, je 1 fM in die nächsten beiden 9-Lm-Bogen; ab * fortlfd wdh bis zum letzten 9-Lm-Bogen, 2 Lm, 1 DStb in die letzte fM; wenden.

3. REIHE: 1 LM, 1 fM ins 1. DStb, 2 Lm, den nächsten 2-Lm-Bogen übergehen, * 1 Km in die nächste fM, 2 x [9 Lm, 1 Km in dieselbe fM] **, 4 Lm, die nächste fM und den nächsten 4-Lm-Bogen übergehen; ab * fortlfd wdh, den letzten Rapport bei ** beenden, 2 Lm, die nächsten 2 Lm übergehen, 1 fM in die 4. der 6 Anfangs-Lm der Vorr; wenden.

4. REIHE: 4 Lm (für 1 DStb), 1 fM in den ersten 9-Lm-Bogen, * 4 Lm **, je 1 fM in die nächsten beiden 9-Lm-Bogen; ab * fortlfd wdh, den letzten Rapport bei ** beenden, 1 fM in den nächsten 9-Lm-Bogen, 1 DStb in die letzte fM; wenden.

1.–4. R stets wdh.

Anleitung

Hinweis: *Die Grundform der Stola ist ein Trapez, das durch die Verwendung dreier unterschiedlicher Häkelnadelstärken entsteht.*

STOLA

Mit der dünnsten Häkelnd und Fb A 248 Lm anschl.

Die Einteilungs-R (zählt als 1. R) häkeln wie folgt:

EINTEILUNGSREIHE: 1 Lm, 1 fM in die 2. Lm von der Häkelnd aus, * 1 fM in die nächste Lm, 9 Lm, 1 Km in die soeben gehäkelte fM, 4 Lm, die nächsten 4 Lm übergehen, 1 fM in die nächste Lm, 9 Lm, 1 Km in die soeben gehäkelte fM; ab * fortlfd wdh, enden mit 1 fM in die letzte Lm; wenden.

2.–8. REIHE: Die 2.–4. R des Seesternmusters häkeln (siehe »Maschen & Muster«), dann die 1.–4. R noch 2 x wdh.

9.–16. REIHE: Zur Häkelnd mittlerer Stärke wechseln und die 1.–4. R des Seesternmusters 2 x arb.

17.–24. REIHE: Zur dicksten Häkelnd wechseln und die 1.–4. R des Seesternmusters 2 x arb.

25. REIHE: 1 Lm, 1 fM ins 1. DStb, * 1 fM in die nächste fM, 4 Lm, 1 fM in die nächste fM; ab * fortlfd wdh, enden mit 1 fM ins letzte DStb. Die Arbeit nicht wenden.

BREITERE RÜSCHENKANTE

Die Stola um 90 Grad nach rechts drehen und über die Schmalseite weiterhäkeln wie folgt:

EINTEILUNGSREIHE (FB A): Zur Häkelnd mittlerer Stärke wechseln und die Einteilungs-R von dieser Ecke über die Schmalseite bis zur nächsten Ecke arb, dann die Längsseite und die andere Schmalseite behäkeln wie folgt:

1. Schmalseite 1 Lm, 1 fM ins Abmaschglied der letzten M der Stola arb, 5 fM in den nächsten 4-Lm-Bogen häkeln, * die nächste Rand-fM übergehen, 5 fM in den nächsten 4-Lm-Bogen; ab * fortlfd wdh bis zur nächsten Ecke, 1 fM in die letzte Rand-fM (= 62 fM).

Ecke Nun haben Sie die Ecke erreicht. Über die der Anschlagkante gegenüberliegende Längsseite 1 fM in 1. Lm an der Basis der 1. fM, die Ecke mit 1 MM kennzeichnen (= 1 fM).

Längsseite 1 fM in die nächste Lm, 5 fM in den nächsten 4-Lm-Bogen, * die nächsten 2 Lm übergehen, 5 fM in den nächsten 4-Lm-Bogen; ab * fortlfd wdh bis zur nächsten Ecke, 1 fM in die nächste Lm an der Basis der fM (= 207 fM).

Ecke 1 fM in die Lm an der Basis der letzten fM, die Ecke mit 1 MM kennzeichnen (= 1 fM).

2. Schmalseite 1 fM in die 1. Rand-fM, 5 fM um den Stiel des nächsten Rand-DStb, * die nächste Rand-fM übergehen, 5 fM um den Stiel des nächsten Rand-DStb; ab *

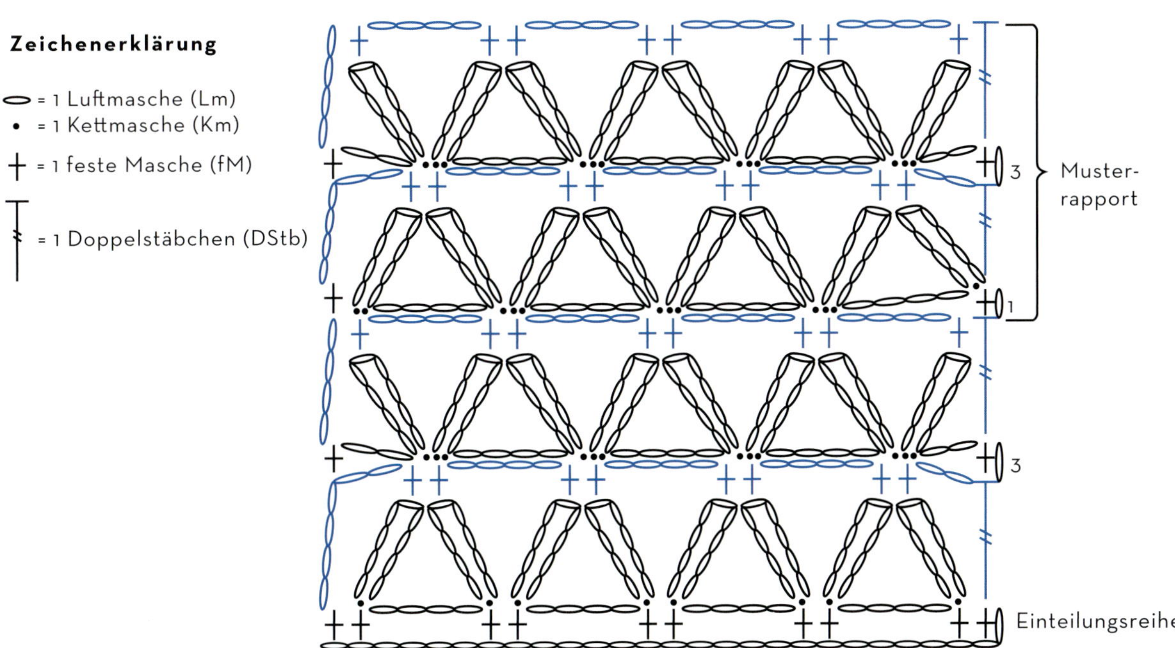

Häkelschrift für das Seesternmuster (gezeigt wird nur ein Teil der M; Rest sinngemäß ergänzen)

fortlfd wdh bis zur nächsten Ecke, 1 fM in die letzte Rand-fM; wenden (= 62 fM; insgesamt 333 fM für die Rüschenkante).

Die breitere Rüschenkante weiterhäkeln wie folgt:

1. REIHE: 4 Lm (hier und im Folg als Ersatz für 1 DStb), die 1. fM übergehen, dann in die vMg häkeln wie folgt: °° * 2 x [2 DStb in die nächste fM, 1 DStb in die folg fM], 2 DStb in die nächste fM *; von * bis * fortlfd wdh bis 1 fM vor der markierten Eck-fM, 1 DStb in die nächste fM, 3 DStb in die Eck-fM, den MM nicht entfernen, sondern einen weiteren MM in das mittlere DStb der 3-DStb-Gruppe häkeln, um die Eck-M zu kennzeichnen, 1 DStb in die nächste fM; ab °° fortlfd wdh, dabei von * bis * fortlfd wdh bis zur letzten M, 1 DStb in die letzte fM, einen weiteren MM ins hMg der letzten fM einhängen; die Arbeit wenden. Dieser MM bleibt an Ort und Stelle, bis später die schmalere Kante angehäkelt wird.

2.–5. REIHE: 4 Lm, das 1. DStb übergehen, * 1 DStb in jedes DStb bis zur nächsten markierten Eck-M, 3 DStb in die markierte Eck-M, den MM ins mittlere der 3 DStb versetzen; ab * fortlfd wdh, d.h. 1 DStb bis R-Ende häkeln; wenden.

6. REIHE: 1 Lm, 1 fM ins 1. DStb, [1 Lm, 1 fM] in jedes DStb entlang der 3 Seiten. Den Faden abschneiden und sichern.

Die 2 Eck-MM aus der 6. R entfernen, jedoch die MM in den hMg der letzten fM in der 1. R und die Eck-MM der Einteilungs-R belassen.

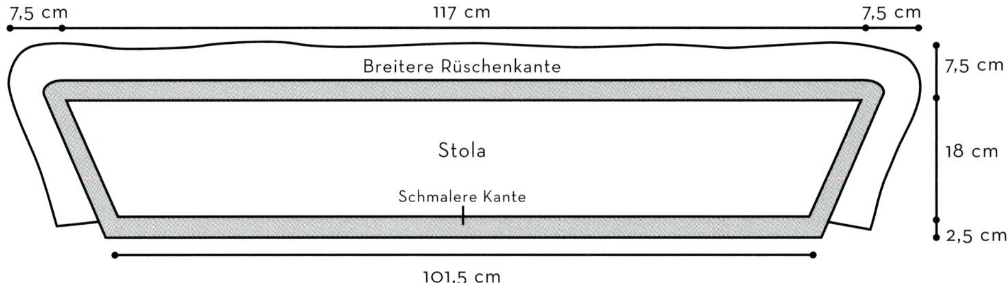

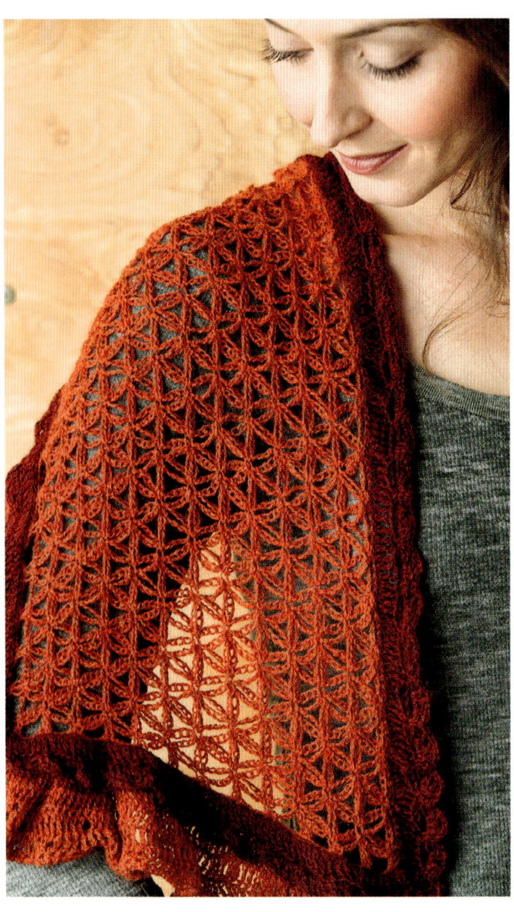

SCHMALERE KANTE

Hinweis: *Die ersten 333 M der schmaleren Kante werden in die vMg der Einteilungs-R der breiteren Rüschenkante gehäkelt. Bei der Stola sind ohnehin nur die vMg sichtbar, da die hMg bereits für die breitere Rüschenborte verwendet wurden.*

Stola mit der Rüschenborte nach oben und der markierten M nach rechts hinlegen.

1. RUNDE: Mit der Häkelnd mittlerer Stärke und Fb B die freien vMG der Einteilungs-R behäkeln. Den Faden mit 1 Km an der 1. markierten M anschlingen, 1 Lm, * 1 fM in jede M bis zur markierten Eck-M, 1 fM in die Eck-M, den MM in die soeben gehäkelte fM versetzen, ab * noch 1 x wdh, 1 fM in jede M bis R-Ende (= 333 fM). Die Arbeit nicht wenden. Sie haben nun die Ecke der Stola erreicht. Die verbleibende Längsseite der Stola behäkeln wie folgt: 1 fM in die 1. fM, 1 MM in die soeben gehäkelte fM einhängen (= Eck-M), 1 fM in die nächste fM, 6 fM in den nächsten 4-Lm-Bogen, 19 x [die nächsten 2 fM übergehen, 6 fM in den nächsten 4-Lm-Bogen, die nächsten 2 fM übergehen, 7 fM in den nächsten 4-Lm-Bogen], je 6 fM in die nächste beiden 4-Lm-Bogen, je 1 fM in die nächsten n2 fM, 1 MM in die zuletzt gehäkelte fM einhängen (= Eck-M), die Rd mit 1 Km in die 1. fM schließen (= 269 fM entlang dieser Längskante; 602 fM insgesamt).

2. RUNDE: 4 Lm, die 1. fM übergehen, dann in die hMg der M häkeln wie folgt: * Je 1 DStb in jede fM bis zur nächsten Eck-fM, 3 DStb in die Eck-fM; ab * noch 3 x wdh, die Rd mit 1 Km in die oberste der 4 Anfangs-Lm schließen (= 610 DStb).

3. RUNDE: 1 Lm, 1 fM ins 1. DStb, * 4 Lm, die nächsten 4 DStb übergehen, 1 f ins nächste DStb; ab * fortlfd wdh bis zu den letzten 4 M, die nächsten 4 DStb übergehen, die Rd mit 1 Km in die 1. fM schließen (= 122 Lm-Bogen à 4 Lm).

4. RUNDE: 1 Lm, 1 fM in die 1. fM, * 3 x [1 Lm, 1 DStb] in den 4-Lm-Bogen, 1 Lm **, 1 fM in die nächste fM; ab * fortlfd wdh, den letzten Rapport bei ** beenden, die Rd mit 1 Km in die 1. M schließen.

5. RUNDE: 1 Lm, 1 fM in die 1. fM, je 1 fM in jede folg M und jeden 1-Lm-Bogen bis Rd-Ende, die Rd mit 1 Km in die 1. fM schließen. Faden abschneiden und sichern.

FERTIGSTELLUNG

Fadenenden vernähen. Stola spannen, anfeuchten und trocknen lassen.

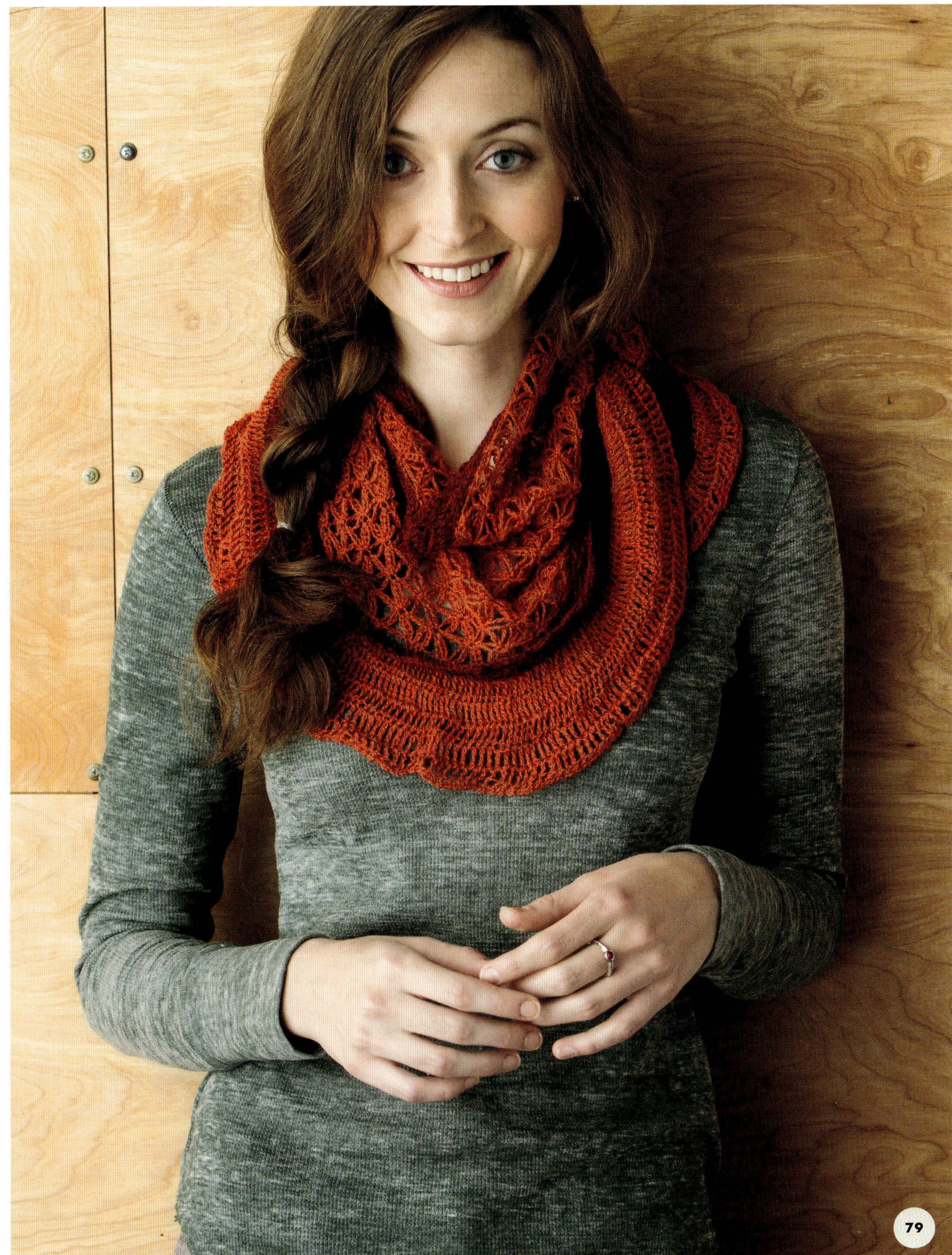

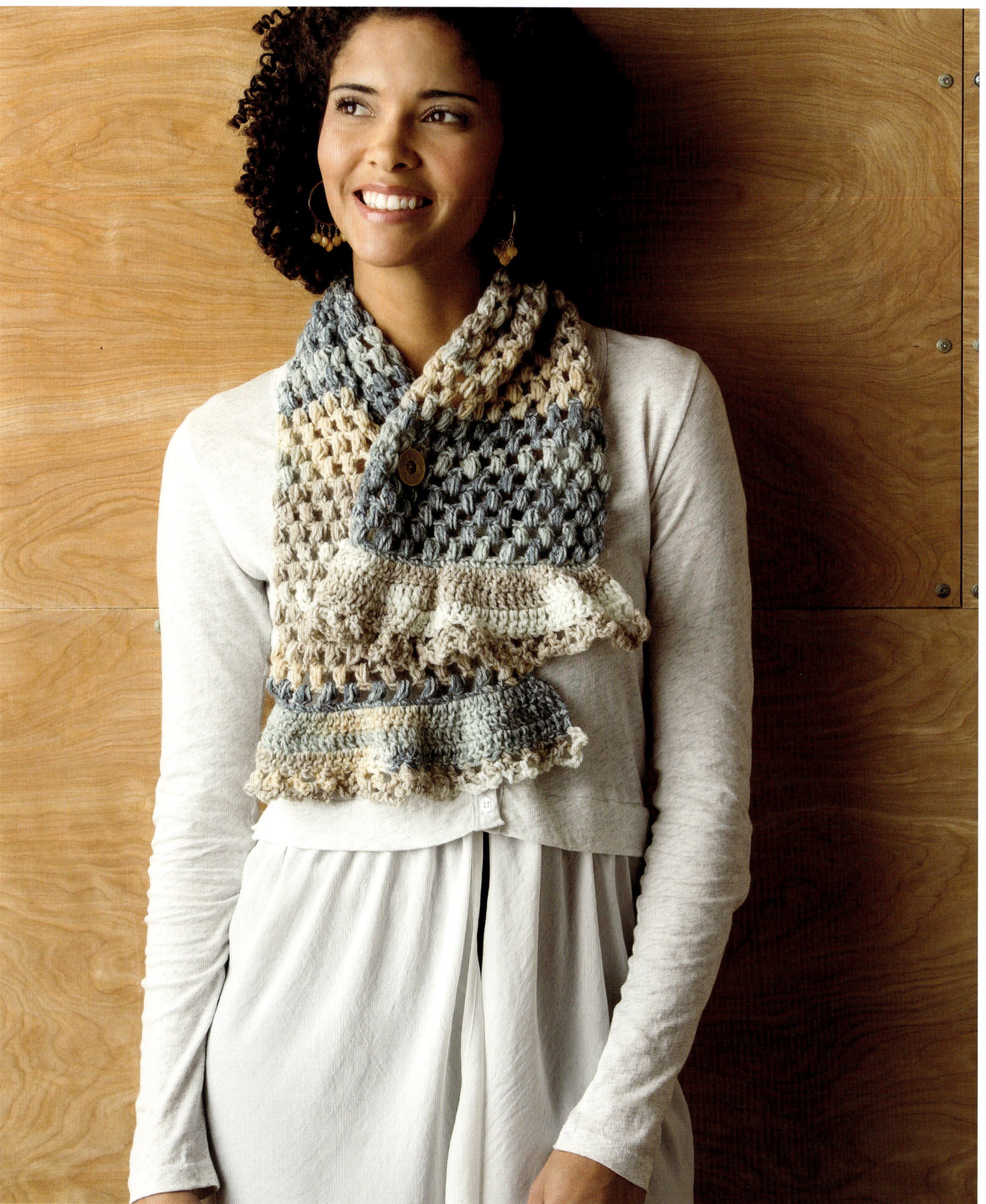

MEER*glas*

Hier habe ich ein selbstmusterndes meliertes Garn verwendet: Ich liebe den Farbverlauf und die Tatsache, dass beide Enden des Schals unterschiedlich aussehen. Der Schal selbst ist recht schlicht und lässt sich leicht dem persönlichen Stil anpassen. Er würde einfarbig gut aussehen. Sie können aber auch zwei oder drei kontrastfarbene Knöpfe annähen, einen längeren Schal ohne Knöpfe häkeln sowie die Rüschenkante verbreitern oder verlängern.

GRÖSSE

Breite 20,5 cm, Länge 91 cm (einschließlich Rüschenkanten)

MATERIAL & ZUBEHÖR

Garn

James C. Brett Woodlander DK (80 % Polyacryl, 20 % Wolle; LL 251 m/100 g) in Fb L9, 100 g

Häkelnadel

6,0 mm

Wählen Sie gegebenenfalls eine dickere oder dünnere Häkelnadel, um die angegebene Maschenprobe zu erzielen.

Zubehör

1 Knopf (Ø 2,5 cm), Wollnadel oder Sticknadel ohne Spitze

MASCHENPROBE

4 Büschelmaschen (Bm) = 7,5 cm breit

6 R im Bm-Muster = 10 cm hoch

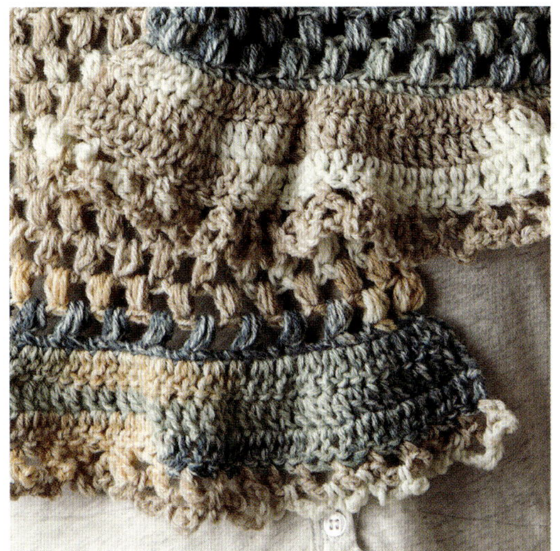

Maschen & Muster

ANFANGSBÜSCHELMASCHE (ANFANGS-BM = BM AM R-BEGINN)

2 Lm, 2 x [1 U, die Häkelnd in die 1. M einstechen, den Faden holen und durch die M ziehen], den Faden holen und durch alle 5 Schlingen auf der Häkelnd ziehen, die Bm mit 1 Lm schließen.

BÜSCHELMASCHE (BM)

1 U, die Häkelnd in die nächste M einstechen, den Faden holen und durch die M ziehen, 2 x [1 U, die Häkelnd in dieselbe M einstechen, den Faden holen und durch die M ziehen], Faden holen und durch alle 7 Schlingen auf der Häkelnd ziehen, die Bm mit 1 Lm schließen.

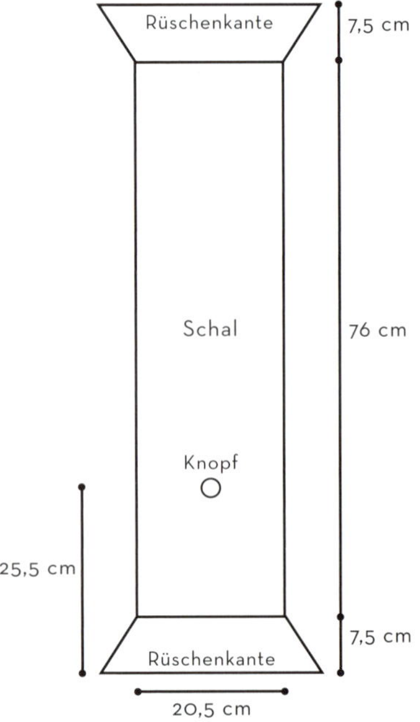

Anleitung

SCHAL

23 Lm anschl.

1. REIHE: 2 Lm, 1 U, die Häkelnd in die 3. Lm von der Häkelnd aus einstechen, Faden holen und durch die M ziehen, 1 U, die Häkelnd in dieselbe Lm einstechen, Faden holen und durch die M ziehen, den Faden holen und durch alle 5 Schlingen auf der Häkelnd ziehen, die Bm mit 1 Lm schließen (zählt als Anfangs-Bm), * 1 Lm, 1 Lm übergehen, 1 Bm in die nächste Lm; ab * fortlfd wdh bis R-Ende; wenden (= 12 Bm).

2. REIHE: 2 Lm (für 1 hStb), * 1 Bm in den nächsten 1-Lm-Bogen, 1 Lm; ab * fortlfd wdh bis zum letzten 1-Lm-Bogen, dann 1 Bm in den letzten 1-Lm-Bogen, 1 hStb in die letzte Bm; wenden (= 11 Bm).

3. REIHE: 1 Anfangs-Bm ins 1. hStb, * 1 Lm, 1 Bm in den nächsten 1-Lm-Bogen; ab * fortlfd wdh, die letzte Bm ins letzte hStb statt in den 1-Lm-Bogen häkeln; wenden (= 12 Bm).

4.–47. REIHE: Die 2. und 3. R noch 22 x bzw. bis zu einer Gesamthöhe von 76 cm wdh. Den Faden nicht abschneiden. Die Rüschenkante häkeln wie folgt:

1. RÜSCHENKANTE

1. REIHE: 1 Lm, 1 fM in die 1. Bm, * 1 fM in den nächsten 1-Lm-Bogen, 1 fM in die nächste Bm; ab * fortlfd wdh bis R-Ende; wenden (= 23 fM).

2. REIHE: 3 Lm (hier und im Folg als Ersatz für 1 Stb), 1 Stb in die 1. fM, je 2 Stb in die nächsten 22 fM; wenden (= 46 Stb).

3. UND 4. REIHE: 3 Lm, das 1. Stb übergehen, 1 Stb in jedes Stb bis R-Ende; wenden.

5. REIHE: 5 Lm, das 1. Stb übergehen, 1 fM ins nächste Stb, * 4 Lm, nächstes Stb übergehen, 1 fM ins nächste Stb; ab * fortlfd wdh bis R-Ende; wenden (= 24 Lm-Bogen).

6. REIHE: 5 Lm, * 1 fM in den nächsten 4-Lm-Bogen, 4 Lm; ab * fortlfd wdh bis R-Ende, enden mit 1 fM in den letzten 5-Lm-Bogen. Den Faden abschneiden und sichern.

2. RÜSCHENKANTE

1. REIHE (ÜBER DIE UNTERSEITE DER ANSCHLAG-LM-KETTE): Den Faden an der 1. Lm anschlingen, 1 Lm, 1 fM in jede folg Lm bis R-Ende; wenden (= 23 fM).

2.–6. REIHE häkeln, wie bei der 1. Rüschenkante beschrieben. Den Faden abschneiden und sichern.

FERTIGSTELLUNG

Alle Fadenenden vernähen. Schal spannen, anfeuchten und trocknen lassen.
Den Knopf in der Mitte des Schals ca. 25 cm von einem Ende entfernt annähen. Als Knopfloch eines der mustergemäß vorhandenen Löcher im Schal nutzen.

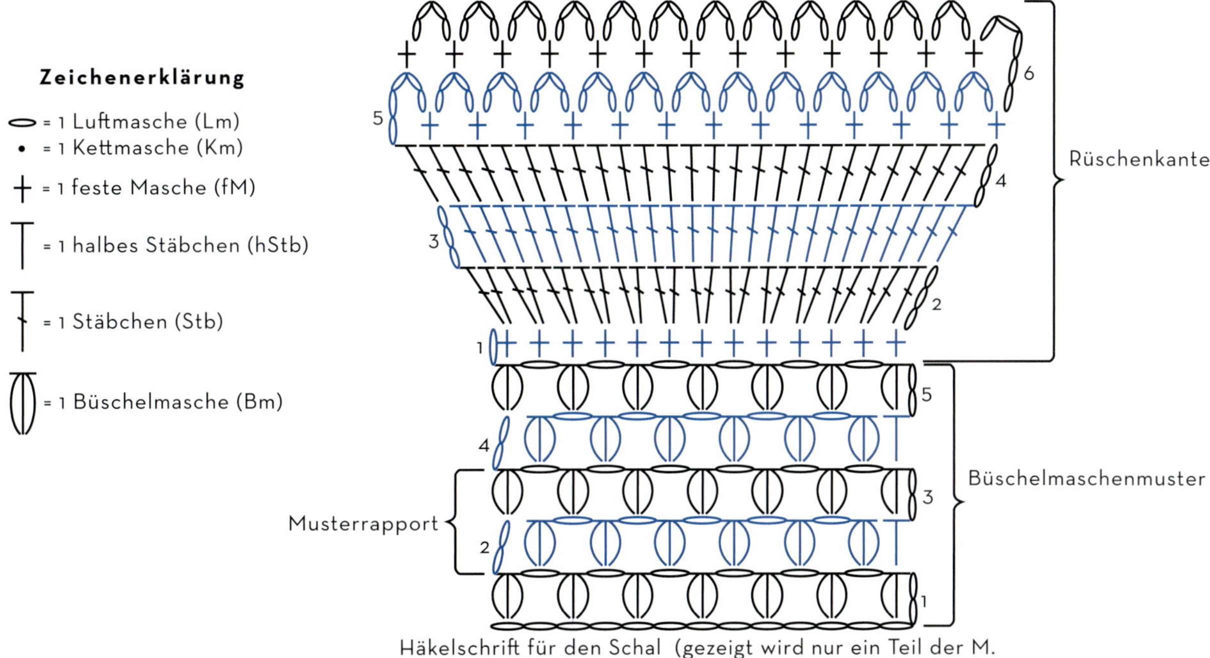

Häkelschrift für den Schal (gezeigt wird nur ein Teil der M. Die übrigen M sinngemäß ergänzen)

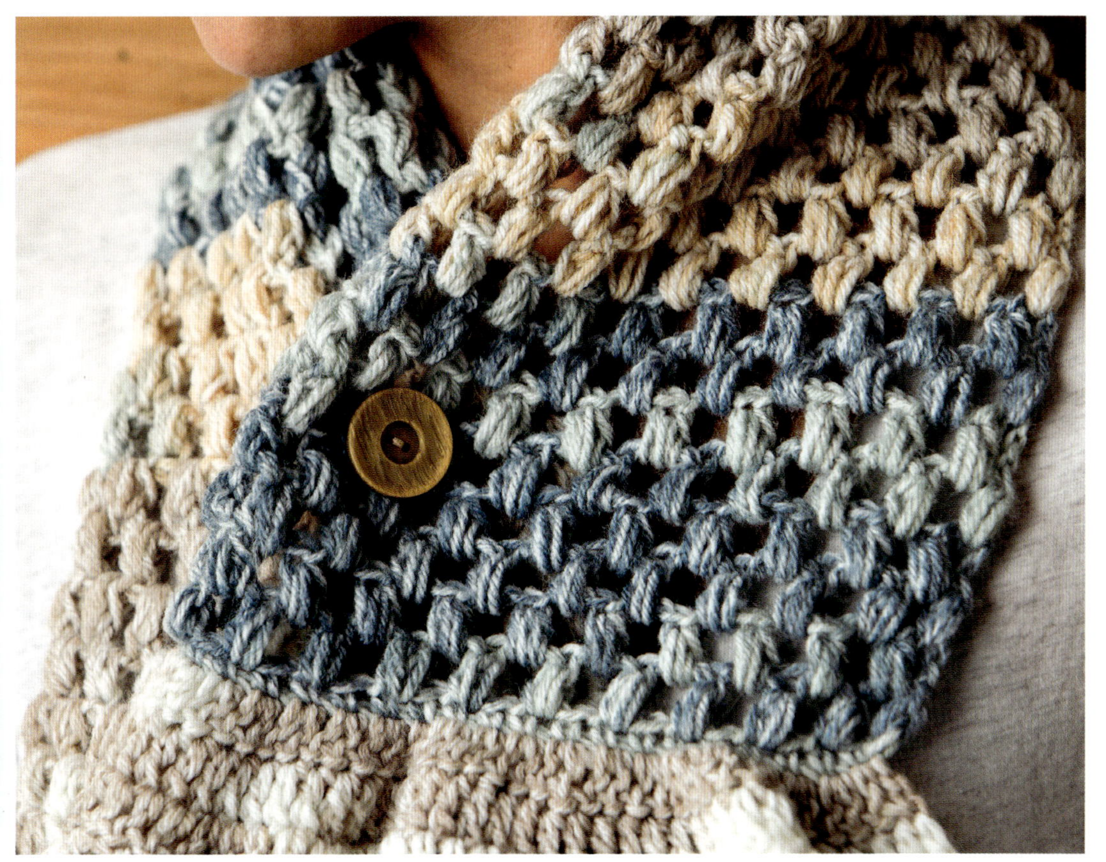

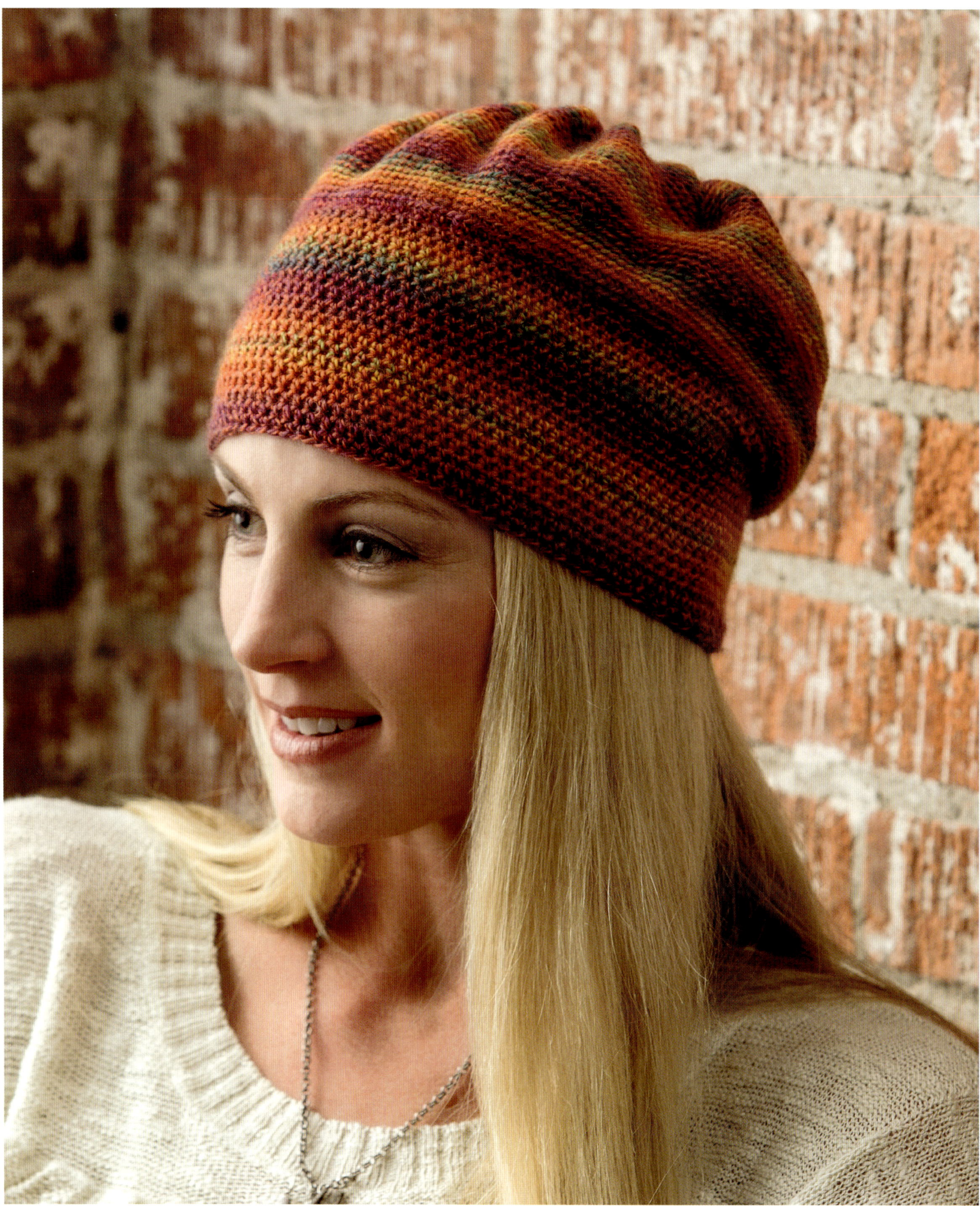

SEE *igel*

Diese Mütze mit dem breiten Bündchen und dem leicht ballonartigen oberen Teil ist schlicht, aber topmodisch. Die obere Mitte ziert ein Sternmotiv, von dem aus ganz einfach in festen Maschen für den Mützenkopf und in halben Stäbchen für das Bündchen weitergehäkelt wird. Das Modell dehnt sich etwas und ist daher bequem zu tragen.

GRÖSSE

Umfang am Bündchen 51 cm, Höhe von der Unterkante des Bündchens bis zur oberen Mitte 23 cm

MATERIAL & ZUBEHÖR

Garn

Crystal Palace Yarns Sausalito (80 % Merinowolle, 20 % Polyamid; LL 181 m/50 g) in Harvest (Fb 8451), 100 g

Häkelnadel

3,5 mm

Wählen Sie gegebenenfalls eine dickere oder dünnere Häkelnadel, um die angegebene Maschenprobe zu erzielen.

Zubehör

Wollnadel oder Sticknadel ohne Spitze, Maschenmarkierer

MASCHENPROBE

21 hStb = 10 cm breit (nach dem Spannen)

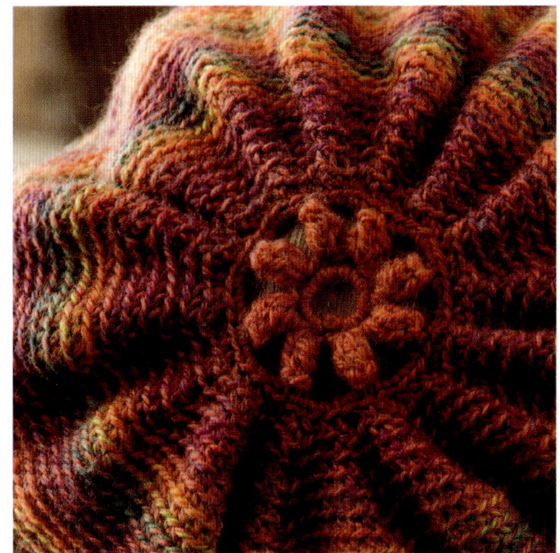

Maschen & Muster

POPCORNMASCHE (PCM)

5 Stb in dieselbe Einstichstelle arb, dann die Häkelnd aus der Arbeitsschlinge ziehen, von vorne nach hinten unter beiden Abmaschgliedern des 1. Stb einstechen, die Arbeitsschlinge wieder aufnehmen und durch die M ziehen, die PcM mit 1 Lm abschließen.

2 FESTE MASCHEN ZUSAMMEN ABMASCHEN (2 FM ZUS ABM)

* Die Häkelnd in die nächste M einstechen, den Faden holen und durch die M ziehen; ab * noch 1 x wdh (= 3 Schlingen auf der Häkelnd), den Faden holen und durch alle 3 Schlingen auf der Häkelnd ziehen.

Anleitung

MÜTZENKOPF

8 Lm anschl und mit 1 Km in die 1. Lm zum Ring schließen.

1. RUNDE: 1 Lm, 16 fM in den Ring, die Rd mit 1 Km in die 1. fM schließen (= 16 fM).

2. RUNDE: 3 Lm (für 1 Stb), 1 PcM (siehe »Maschen & Muster«) in die 1. fM, * 3 Lm, die nächste fM übergehen, 1 PcM in die nächste fM; ab * fortlfd wdh, enden mit 3 Lm, die Rd mit 1 Km in die Abschluss-M des 1. PcM schließen (= 8 PcM).

3. RUNDE: 1 Lm, 1 fM in die 1. PcM, * 5 fM in den nächsten 3-Lm-Bogen **, 1 fM in die nächste PcM; ab * fortlfd wdh, den letzten Rapport bei ** beenden, die Rd mit 1 Km in die 1. fM schließen (= 48 fM).

Hinweis: *In der 4.–11. Rd durchweg unter den hMg einstechen.*

4. RUNDE: 1 Lm, den Rd-Beginn mit 1 MM kennzeichnen, die 1. fM übergehen, * 3 fM in die nächste fM **, je 1 fM in die nächsten 2 fM; ab * fortlfd wdh, den letzten Rapport bei ** beenden, 1 fM in die nächste fM, die Rd nicht schließen, sondern in Spiral-Rd weiterhäkeln. Den MM von Rd zu Rd in die jeweils 1. M der neuen Rd versetzen (= 1 Lm und 79 fM).

5. RUNDE: 1 fM in die markierte Lm, den MM in die soeben gehäkelte fM versetzen, je 1 fM in die folg 79 fM (= 80 fM).

6. RUNDE: Die nächsten 2 fM übergehen, * 3 fM in die nächste fM **, je 1 fM in die nächsten 4 fM; ab * fortlfd wdh, den letzten Rapport bei ** beenden, je 1 fM in die nächsten 2 fM (= 112 fM).

7. RUNDE: 1 fM in jede fM der Vorrd häkeln.

8. RUNDE: Je 1 fM in die nächsten 3 fM, * 3 fM in die nächste fM **, je 1 fM in die nächsten 6 fM; ab * fortlfd wdh, den letzten Rapport bei ** beenden, je 1 fM in die nächsten 3 fM (= 144 fM).

9. RUNDE: 1 fM in jede fM der Vorrd häkeln.

10. RUNDE: Je 1 fM in die nächsten 4 fM, * 3 fM in die nächste fM **, je 1 fM in die nächsten 8 fM; ab * fortlfd wdh, den letzten Rapport bei ** beenden, je 1 fM in die nächsten 4 fM (= 176 fM).

11. RUNDE: 1 fM in jede fM der Vorrd häkeln.

Die 11. Rd stets wdh, dabei weiter nur unter den hMg einstechen, bis die Mütze eine Gesamthöhe von 13,5 cm erreicht hat, dann das Bündchen arb wie folgt:

BÜNDCHEN

Hinweis: *Von nun an stets unter beiden Mg einstechen.*

1. RUNDE: 1 fM in die nächste fM, * 2 x [über den nächsten 2 M 2 fM zus abm (siehe »Maschen & Muster«)], 1 fM in die nächste M; ab * fortlfd wdh bis Rd-Ende (= 106 fM).

2. RUNDE: 1 hStb in die markierte fM, den MM ins soeben gehäkelte hStb versetzen, je 1 hStb in die nächsten 105 fM bis Rd-Ende (= 106 hStb).

3. RUNDE: 1 hStb in jedes hStb der Vorrd häkeln.

Die 3. Rd stets wdh bis zu einer Gesamthöhe von 23 cm (von der oberen Mitte aus gemessen), dann weiterhäkeln wie folgt: Je 1 hStb in die nächsten 105 hStb, 1 fM ins nächste hStb, 1 Km ins nächste hStb. Faden abschneiden und sichern.

FERTIGSTELLUNG

MM entfernen. Fadenenden vernähen. Mütze spannen, anfeuchten und anschließend trocknen lassen.

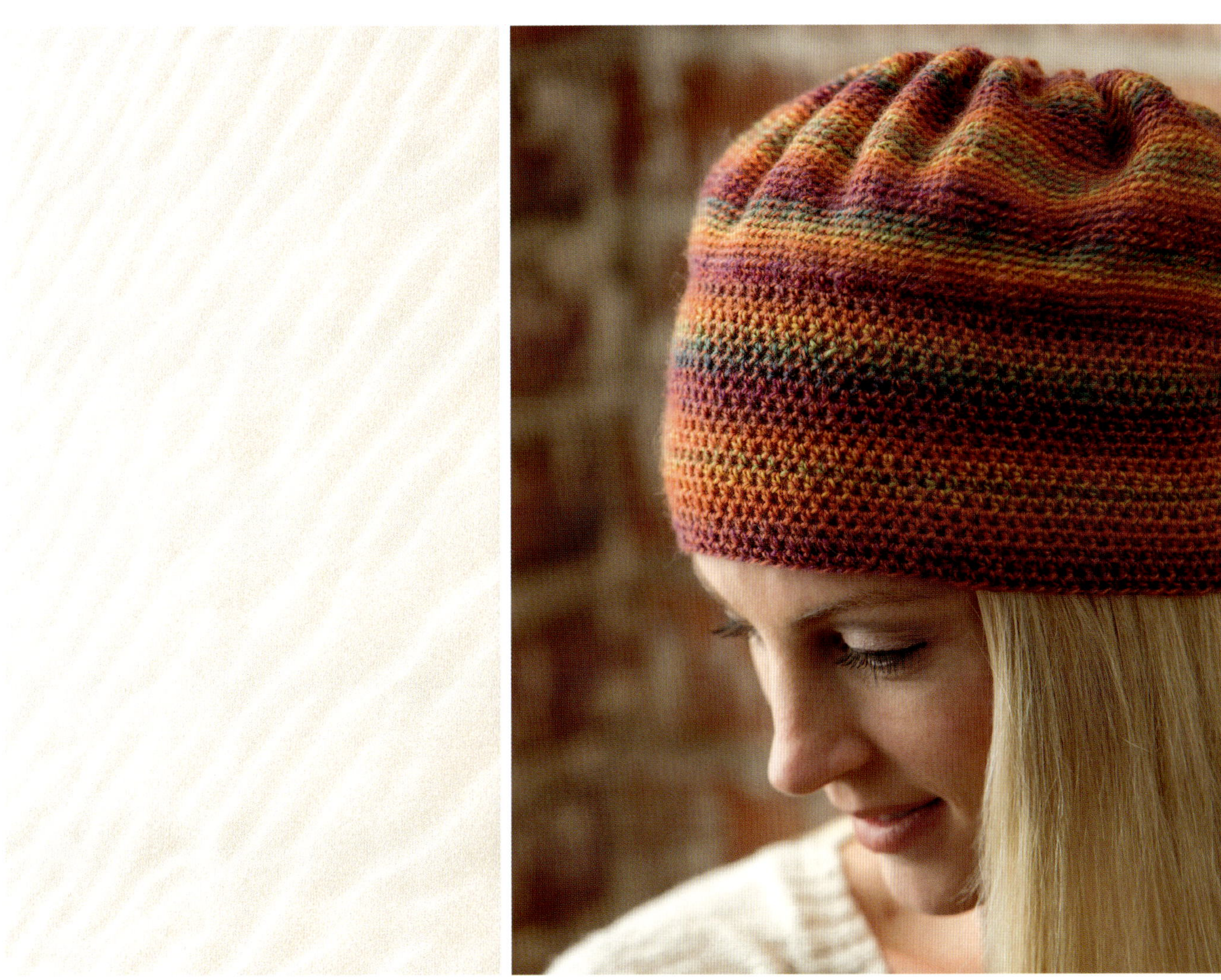

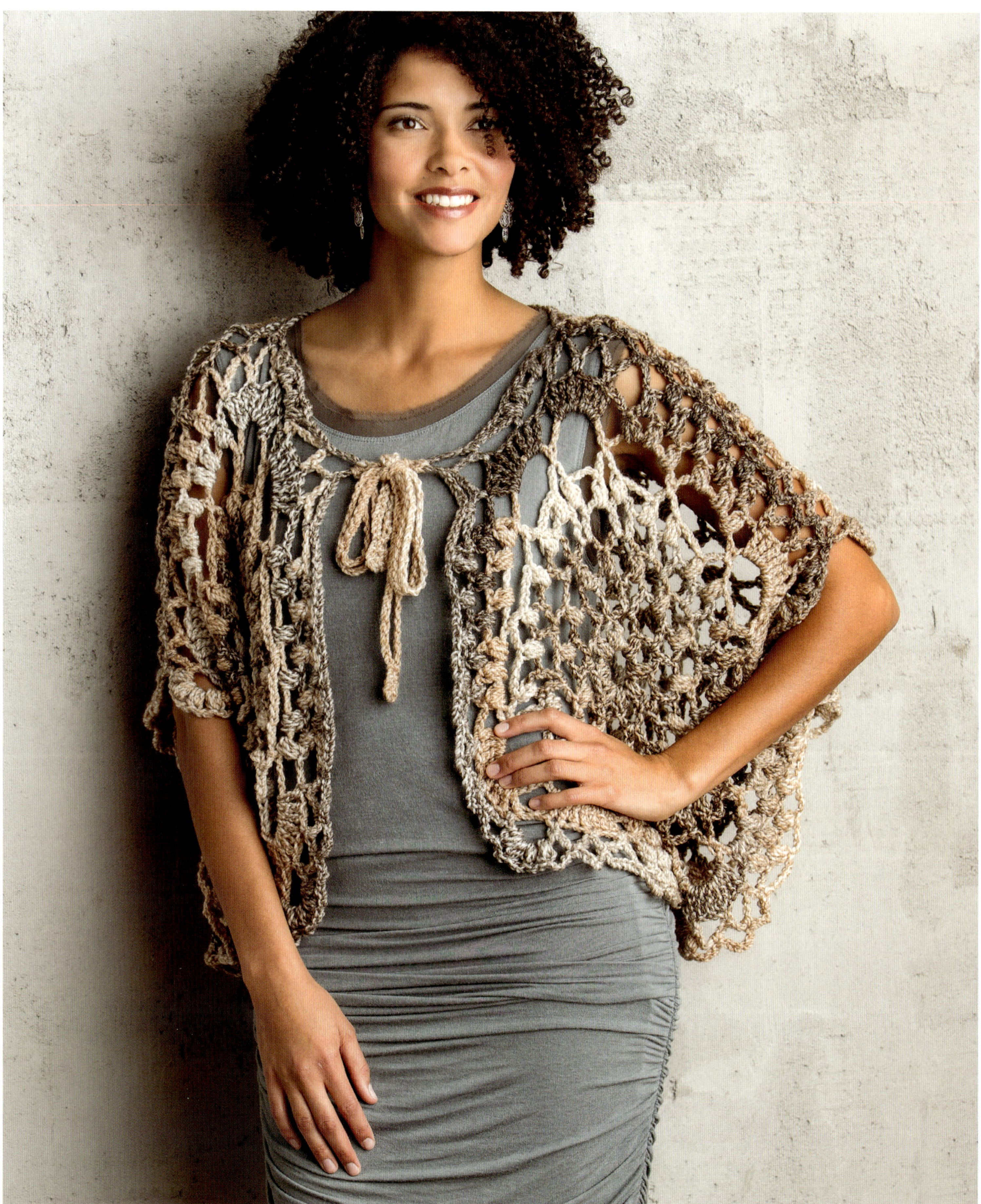

TREIB*netz*

Wer es nicht weiß, der wird kaum glauben, dass dieses Modell aus vier großen, abgerundeten Quadratmotiven besteht – je eines für das rechte und linke Vorderteil und zwei für das Rückenteil. Arbeitet man das Modell mit einer feineren Häkelnadel aus dünnerem Garn, so entsteht dabei eine Art Bolerojäckchen. Verwendet man ein besonders bauschiges Garn und eine dicke Nadel, so entsteht dabei ein ponchoartiger Überwurf.

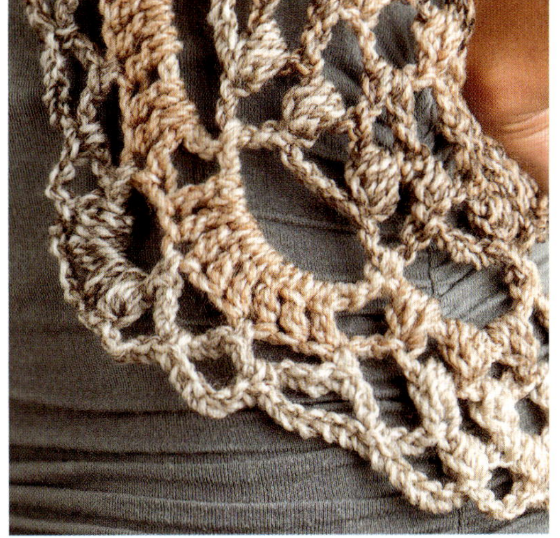

GRÖSSE

Einheitsgröße, passend für die meisten Frauen

Länge 50 cm, Weite 10 cm

MATERIAL & ZUBEHÖR

Garn

James C. Brett Marble Chunky (100 % Polyacryl; LL 310 m/200 g) in Fb MC9, 400 g

Häkelnadeln

7,0 mm

Wählen Sie gegebenenfalls eine dickere oder dünnere Häkelnadel, um die angegebene Maschenprobe zu erzielen.

Zubehör

Wollnadel oder Sticknadel ohne Spitze

MASCHENPROBE

1.–3. Rd des Quadratmotivs = Ø 20,5 cm (nach dem Spannen)

Hinweis

Dieses Modell entsteht aus vier zusammengesetzten Quadratmotiven. Die folgende Anleitung erklärt das Häkeln eines Motivs und das Verbinden der Motive während des Häkelns. Ich finde diese Methode einfacher, aber wenn Sie wollen, können Sie auch die vier Motive einzeln arbeiten und anschließend mit Faden und Wollnadel zusammennähen.

Maschen & Muster

BÜSCHELMASCHE (BM)

1 U, die Häkelnd in die nächste M einstechen, den Faden holen und durch die M ziehen, 2 x [1 U, die Häkelnd in dieselbe M einstechen, den Faden holen und durch die M ziehen], den Faden holen und durch alle 7 Schlingen auf der Häkelnd ziehen, die Bm mit 1 Lm beenden.

EINEINHALBFACHES STÄBCHEN (HDSTB)

2 U, die Häkelnd in die nächste M einstechen, den Faden holen und durch die M ziehen, den Faden holen und durch 2 Schlingen auf der Häkelnd ziehen, den Faden holen und durch 3 Schlingen auf der Häkelnd ziehen.

Anleitung

MOTIV A

ANFANGSRING: 10 Lm anschl und mit 1 Km in die 1. Lm zum Ring schließen.

1. RUNDE: 2 Lm, 1 Bm (siehe »Maschen & Muster«) in den Ring, 7 x [3 Lm, 1 Bm] in den Ring, 3 Lm, die Rd mit 1 Km in die 1. Bm schließen (= 8 Bm).

2. RUNDE: 1 Km in den ersten 3-Lm-Bogen, 6 Lm (für 1 Stb + 3 Lm), 1 Stb in den ersten 3-Lm-Bogen, * 3 Lm, [1 Stb, 3 Lm, 1 Stb] in den nächsten 3-Lm-Bogen; ab * fortlfd wdh, 3 Lm, die Rd mit 1 Km in die 3. der 6 Lm schließen (= 16 Bogen à 3 Lm).

3. RUNDE: 1 Km in den ersten 3-Lm-Bogen, 2 Lm, 1 Bm in denselben 3-Lm-Bogen, * 3 Lm, 1 Bm in den nächsten 3-Lm-Bogen; ab * fortlfd wdh, enden mit 3 Lm, die Rd mit 1 Km in die 1. Bm schließen (= 16 Bm).

4. RUNDE: Wie die 2. Rd häkeln (= 32 Lm-Bogen à 3 Lm).

5. RUNDE: Wie die 3. Rd häkeln (= 32 Bm).

6. RUNDE: 1 Km in den ersten 3-Lm-Bogen, 1 Lm, 1 fM in den ersten 3-Lm-Bogen, * 8 Lm, den nächsten 3-Lm-Bogen übergehen, 1 fM in den nächsten 3-Lm-Bogen; ab * fortlfd wdh, enden mit 8 Lm, die Rd mit 1 Km in die 1. fM schließen.

7. RUNDE: 1 Km in den ersten 8-Lm-Bogen, 2 Lm, 3 x [1 Bm, 2 Lm] in den ersten 8-Lm-Bogen, 3 x [1 BM, 2 Lm] in den nächsten 8-Lm-Bogen, je 8 hDStb (siehe Maschen & Muster) in die nächsten beiden 8-Lm-Bogen, * 2 Lm, je 3 x [1 Bm, 2 Lm] in die nächsten beiden 8-Lm-Bogen, je 8 hDStb in die nächsten beiden 8-Lm-Bogen; ab * fortlfd wdh, enden mit 2 Lm, die Rd mit 1 Km in die 1. Bm schließen.

8. RUNDE: 1 Km in den ersten 2-Lm-Bogen, 2 Lm, 1 Bm in denselben 2-Lm-Bogen, * jeweils [2 Lm, 1 Bm] in die nächsten vier 2-Lm-Bogen, 5 Lm, 5 x [1 fM ins nächste hDStb, 5 Lm, je 1 fM in die nächsten 2 hDStb], 1 fM ins nächste hDStb, 5 Lm **, den nächsten 2-Lm-Bogen übergehen, 1 Bm in den nächsten 2-Lm-Bogen; ab * fortlfd wdh, den letzten Rapport bei ** beenden, die Rd mit 1 Km in die 1. Bm schließen.

9. RUNDE: 1 Km in den ersten 2-Lm-Bogen, 2 Lm, 1 Bm in denselben 2-Lm-Bogen, * jeweils [3 Lm, 1 Bm] in die nächsten drei 2-Lm-Bogen, jeweils [5 Lm, 1 fM] in die nächsten drei 5-Lm-Bogen, 3 Lm, {3 x [1 Bm, 1 Lm], 1 Bm} in den nächsten 2-Lm-Bogen (= Ecke), 3 Lm, 1 fM in den nächsten 5-Lm-Bogen, jeweils [5 Lm, 1 fM] in die nächsten beiden 5-Lm-Bogen, 5 Lm **, 1 Bm in den nächsten 2-Lm-Bogen; ab * fortlfd wdh, den letzten Rapport bei ** beenden, die Rd mit 1 Km in die 1. Bm schließen. Faden abschneiden und sichern.

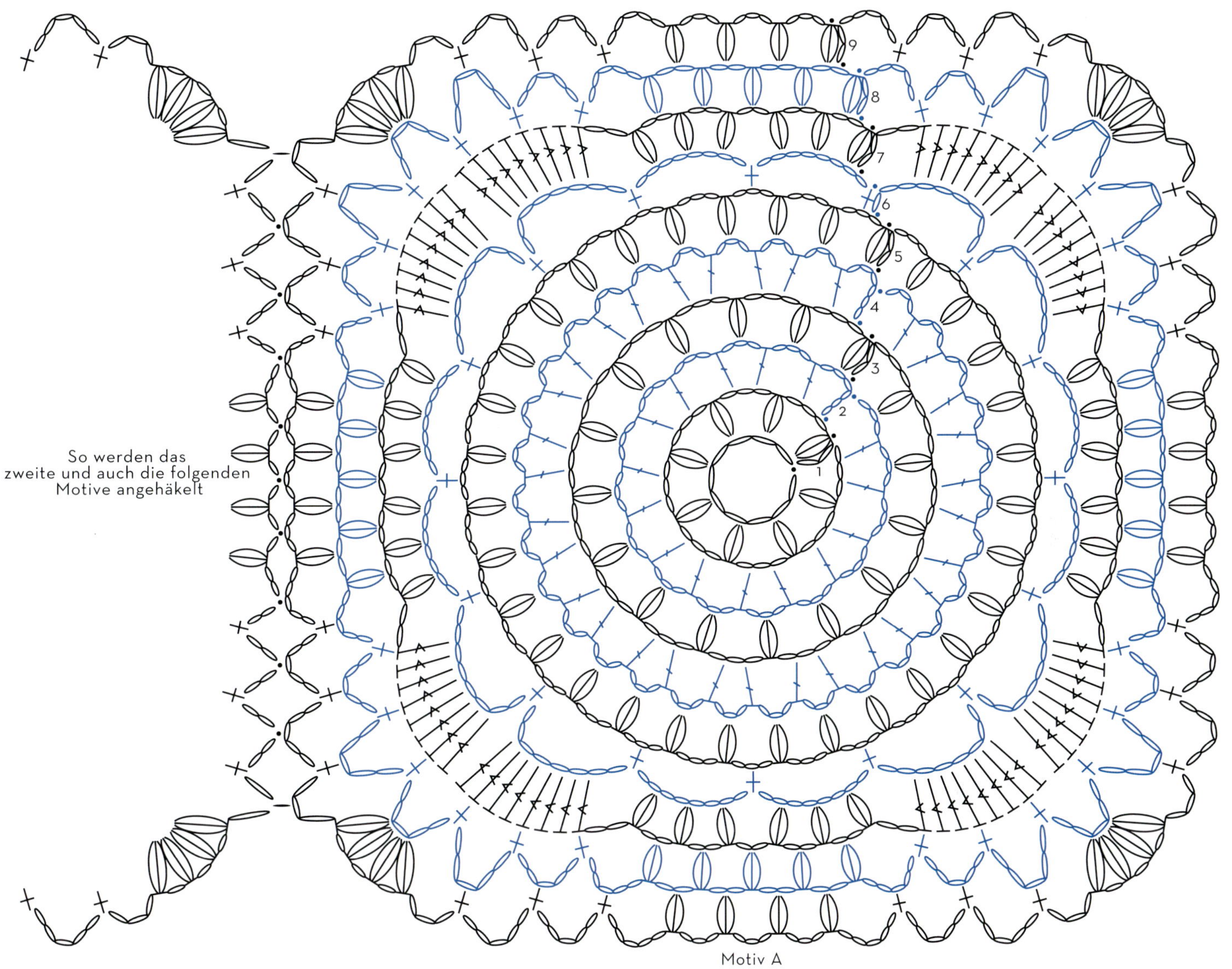

Zeichenerklärung

= 1 Luftmasche (Lm)
• = 1 Kettmasche (Km)
+ = 1 feste Masche (fM)
= 1 Stäbchen (Stb)
= 1 eineinhalbfaches Stäbchen (hDStb)
= 1 Büschelmasche (Bm)

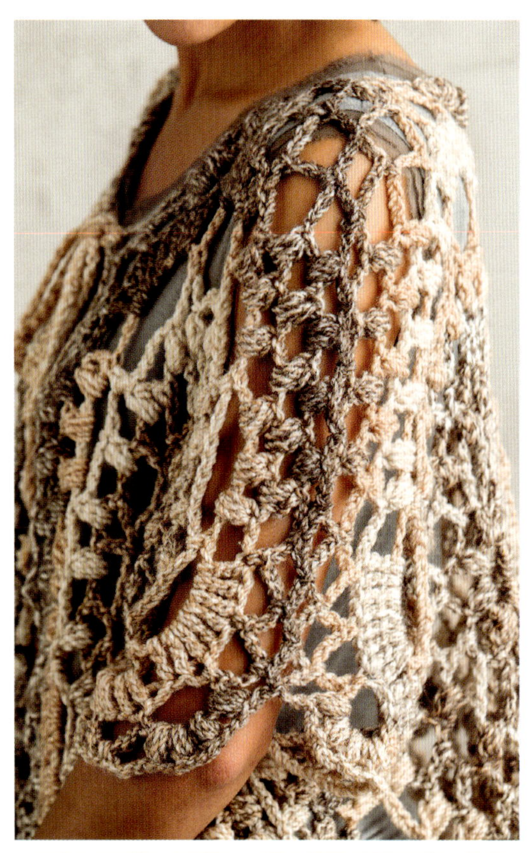

MOTIV B

Hinweis: *Die 4 Gruppen aus jeweils 4 Bm mit 1 Lm zwischen den Bm in der 9. Rd bilden die »Ecken« jedes Motivs (im Folg als »4-Bm-Ecken« bezeichnet).*

Bis zum Ende der 8. Rd wie Motiv A häkeln, dann in der 9. Rd Motiv B entlang einer Kante (zwischen den 4-Bm-Ecken) mit Motiv A verbinden wie folgt:

9. RUNDE: 1 Km in den ersten 2-Lm-Bogen, 2 Lm, 1 Bm in denselben 2-Lm-Bogen, jeweils [3 Lm, 1 Bm] in die nächsten drei 2-Lm-Bogen, jeweils [5 Lm, 1 fM] in die nächsten drei 5-Lm-Bogen, 3 Lm, {3 x [1 Bm, 1 Lm], 1 Bm} in den nächsten 5-Lm-Bogen, 1 Lm, 1 Km in den entsprechenden 3-Lm-Bogen des vorhergehenden Motivs. 1 Lm, 1 fM in den nächsten 5-Lm-Bogen des aktuellen Motivs, jeweils [2 Lm, 1 Km in den nächsten 5-Lm-Bogen des benachbarten Motivs, 2 Lm, 1 fM] in die nächsten beiden 5-Lm-Bogen, 2 Lm, 1 Km in den nächsten 5-Lm-Bogen des benachbarten Motivs, 2 Lm, jeweils [1 Bm, 1 Lm, 1 Km in den nächsten 3-Lm-Bogen des benachbarten Motivs, 1 Lm] in die nächsten drei 2-Lm-Bogen, 1 Bm in den nächsten 2-Lm-Bogen, jeweils [2 Lm, 1 Km in den nächsten 5-Lm-Bogen des benachbarten Motivs, 2 Lm, 1 fM] in die nächsten drei 5-Lm-Bogen, 1 Lm, 1 Km in den nächsten 3-Lm-Bogen des benachbarten Motivs, 1 Lm, * {3 x [1 Bm, 1 Lm], 1 Bm} in den nächsten 5-Lm-Bogen, 3 Lm, 1 fM in den nächsten 5-Lm-Bogen, jeweils [5 Lm, 1 fM] in die nächsten beiden 5-Lm-Bogen, 5 Lm **, 1 Bm in den nächsten 2-Lm-Bogen, jeweils [3 Lm, 1 Bm] in die nächsten drei 2-Lm-Bogen, jeweils [5 Lm, 1 fM] in die nächsten drei 5-Lm-Bogen, 3 Lm; ab * fortlfd wdh, den letzten Rapport bei ** beenden, die Rd mit 1 Km in die 1. Bm schließen. Faden abschneiden und sichern.

MOTIV C

Wie Motiv B häkeln und an die rechte Kante von Motiv B anhäkeln (siehe Anordnungsskizze unten).

MOTIV D

Wie Motiv B häkeln und an die Unterkante von Motiv C anhäkeln (siehe Anordnungsskizze unten).

KORDELN

Jeweils 1 MM in die 5-Lm-Bogen direkt unter den 4 Bm am Halsausschnitt der beiden vorderen Motive einhängen.

Anordnung

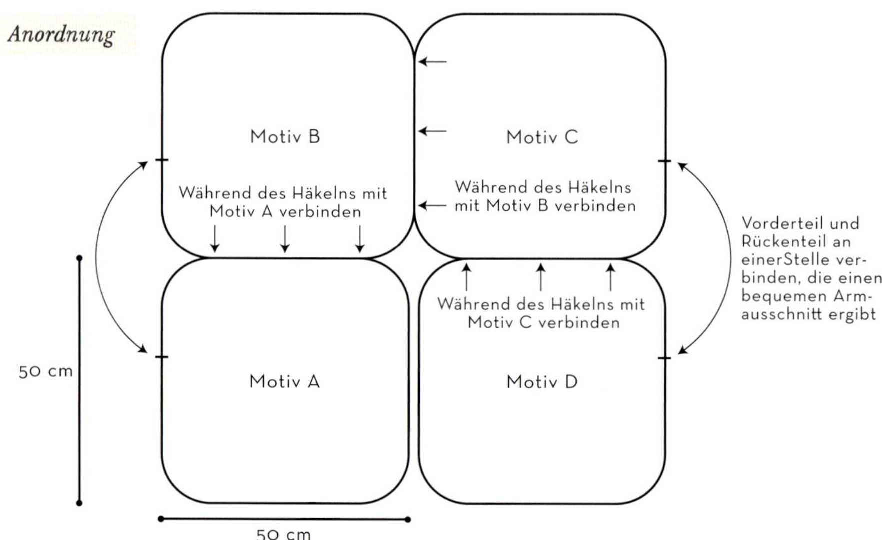

Die Häkelnd in einen der markierten 5-Lm-Bogen einstechen und dann den Faden durchholen.

16 Lm häkeln, die letzte Lm mit 1 MM kennzeichnen, weitere 16 Lm häkeln und die letzte Lm mit 1 MM kennzeichnen, weitere 16 Lm häkeln, 2 Stb in die 3. Lm von der Häkelnd aus, 2 Lm, 1 Km in dieselbe Lm, in die die 2 Stb gearbeitet wurden, 13 Lm, 1 Km in die Lm mit dem 2. MM, 15 Lm, 1 Km in die Lm mit dem 1. MM, 15 Lm, 1 Km in den 4-Lm-Bogen des Motivs, an dem die Kordel begonnen wurde. Faden abschneiden und sichern.

An den anderen markierten 5-Lm-Bogen die 2. Kordel genauso anhäkeln.

FERTIGSTELLUNG

Armausschnitt (optional): Einen beliebigen 5-Lm- oder 3-Lm-Bogen an den Seitenkanten von Vorderteilen und Rückenteil suchen, der eine bequeme Armausschnitthöhe ergibt. Mit Wollnadel und Häkelgarn die beiden entsprechenden Lm-Bogen am jeweiligen Vorderteil und am Rückenteil zusammennähen. Das Modell spannen, anfeuchten und trocknen lassen.

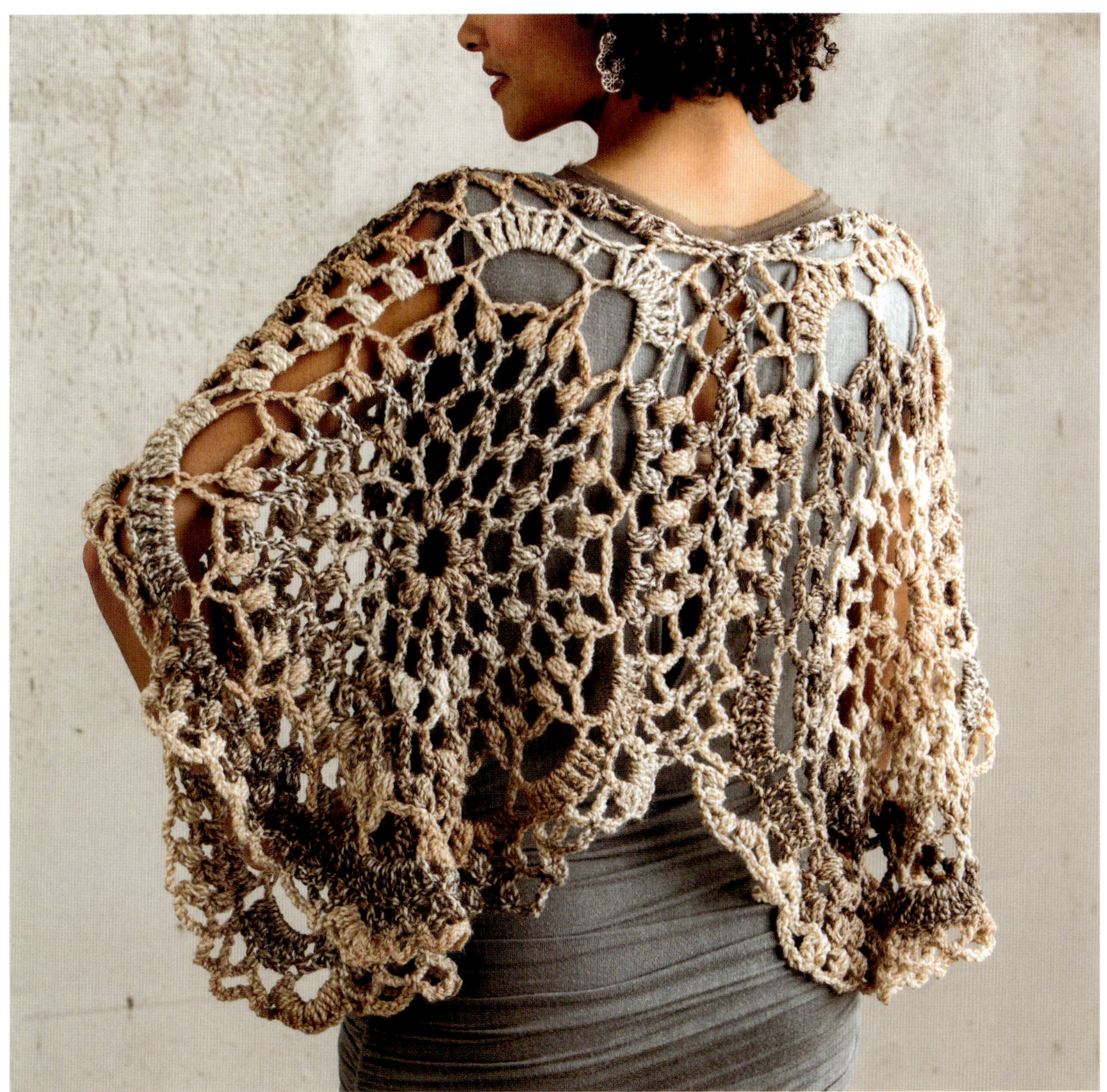

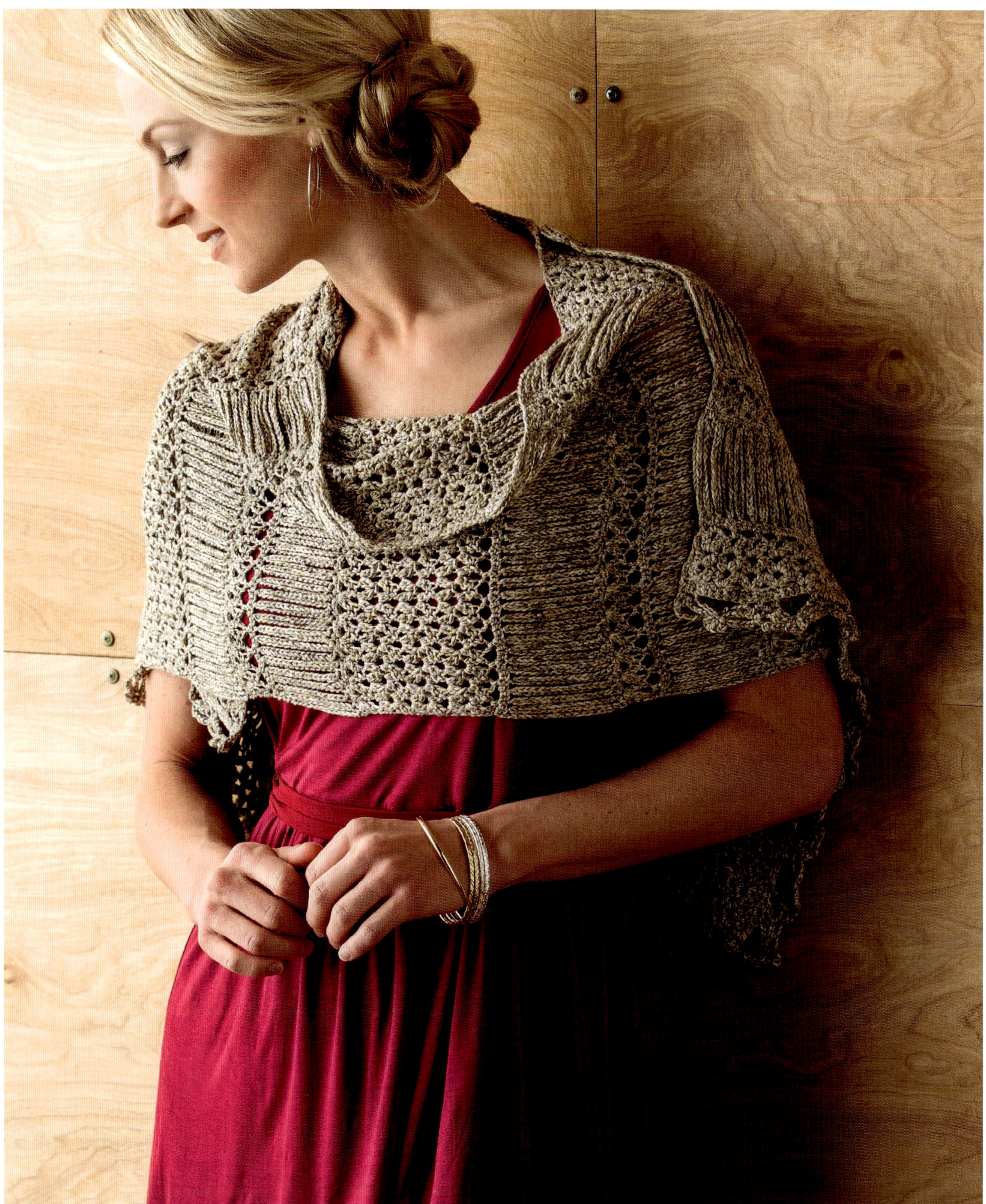

TREIB *holz*

Dieses Modell kombiniert filigrane Häkelspitze mit geraden Linien und einem transparenten Muschelmuster. Die Wellenform verleiht der Arbeit ein harmonisches Gleichgewicht und bringt beide Häkelmuster gut zur Geltung. Dadurch, dass das gleiche Muster in unterschiedlichen Höhen verwendet wird, ergibt sich ein interessantes Design.

GRÖSSE
Länge 193 cm, Breite 38,0 cm

MATERIAL & ZUBEHÖR

Garn

Schachenmayr original Egypto Cotton Color (100 % Baumwolle; LL 180 m/50 g) in Olive Mix (Fb 82), 300 g

Häkelnadeln

3,5 mm

Wählen Sie gegebenenfalls eine dickere oder dünnere Häkelnadel, um die angegebene Maschenprobe zu erzielen.

Zubehör

Wollnadel oder Sticknadel ohne Spitze

MASCHENPROBE
12 M im Grundmuster = 10 cm breit (nach dem Spannen)

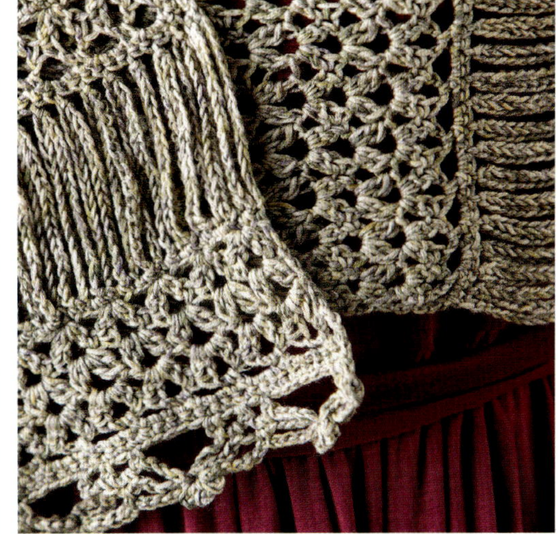

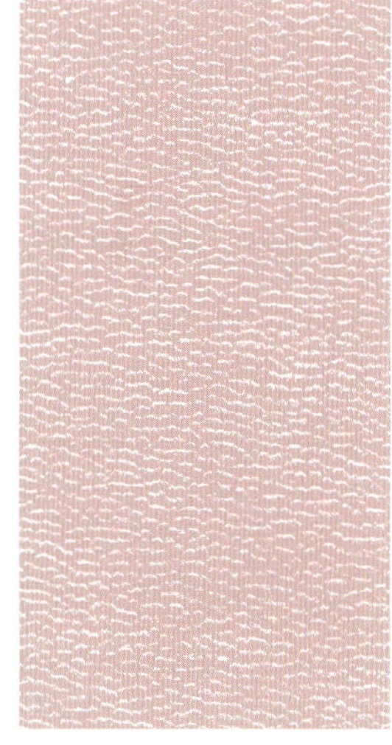

Maschen & Muster

BÜSCHELMASCHE AUS 2 STÄBCHEN (BM2)

1 U, die Häkelnd in die nächste M einstechen, den Faden holen und durch die M ziehen, den Faden holen und durch 2 Schlingen auf der Häkelnd ziehen, 1 U, die Häkelnd in dieselbe M einstechen, den Faden holen und durch die M ziehen, den Faden holen und durch 2 Schlingen auf der Häkelnd ziehen, den Faden erneut holen und durch die verbleibenden 3 Schlingen auf der Häkelnd ziehen.

GRUNDMUSTER
(M-Zahl teilbar durch 4 + 1 M)

GRUNDREIHE: 1 Lm, 1 fM in die 2. Lm von der Häkelnd aus und in jede folg Lm bis R-Ende; wenden.

1. REIHE: 3 Lm (hier und im Folg als Ersatz für 1 Stb), die ersten 2 fM übergehen, [1 Bm2, 3 Lm, 1 Bm2] in die nächste fM, * die nächsten 3 fM übergehen, [1 Bm2, 3 Lm, 1 Bm2] in die nächste fM; ab * fortlfd wdh bis zu den letzten 2 M, die nächste fM übergehen, 1 Stb in die letzte fM; wenden.

2. REIHE: 3 Lm, * [1 Bm2, 3 Lm, 1 Bm2] in den nächsten 3-Lm-Bogen zwischen 2 Bm2; ab * fortlfd wdh, enden mit 1 Stb ins letzte Stb; wenden.

3.–7. REIHE: Wie die 2. R häkeln.

8. REIHE: 4 Lm (für 1 Stb + 1 Lm), 1 fM in den nächsten 3-Lm-Bogen, * 3 Lm, 1 fM in den nächsten 3-Lm-Bogen; ab * fortlfd wdh bis zum letzten 3-Lm-Bogen, 1 Lm, 1 Stb ins letzte Stb; wenden.

9. REIHE: 1 Lm, 1 fM ins 1. Stb, 1 fM in den nächsten 1-Lm-Bogen, * 1 fM in die nächste fM, 3 fM in den nächsten 3-Lm-Bogen; ab * fortlfd wdh bis zum letzten 3-Lm-Bogen, 1 fM in die nächste fM, 1 fM in den 1-Lm-Bogen, 1 fM ins letzte Stb; wenden.

10. REIHE: 30 Lm, die 1. fM übergehen, 1 Km in die nächste fM, * 30 Lm, die nächste fM übergehen, 1 Km in die nächste fM; ab * fortlfd wdh, enden mit 30 Lm, 1 Km in die letzte fM; wenden.

11. REIHE: 15 Lm, 1 fM in den ersten 30-Lm-Bogen, * 1 Lm, 1 fM in den nächsten 30-Lm-Bogen; ab * fortlfd wdh bis R-Ende; wenden.

12. REIHE: 1 Lm, 1 fM in die 1. fM, * 1 fM in den nächsten 1-Lm-Bogen, 1 fM in die nächste fM; ab * fortlfd wdh bis R-Ende; wenden.

13. REIHE: Wie die 1. R häkeln.

14.–18. REIHE: Wie die 8.–12. R häkeln.

Anleitung

Hinweis: *Die Stola setzt sich aus den Abschnitten 1–6 zusammen (siehe Maßskizze auf Seite 97). Wenn nicht anders angegeben, in jedem Abschnitt die 1. bis 18. R des Grundmusters arb. Im 2. und 5. Abschnitt statt der 30 Lm jeweils 50 Lm häkeln. Beachten Sie die Anleitung sorgfältig. Mit Abschnitt 1 beginnen und anschließend die Abschnitte 2 bis 6 arb wie folgt.*

ABSCHNITT 1: 93 Lm anschl und im Grundmuster (siehe »Maschen & Muster«) die Grund-R und die 1.–3. R häkeln, die 4.–7. R auslassen, dann die 8.–18. R arb.

ABSCHNITT 2: Die 1.–18. R des Grundmusters häkeln, jedoch in der 10. und 16. R statt der 30 Lm jeweils 50 Lm arb und am Beginn der 11. und 17. R entsprechend jeweils 25 Lm arb.

ABSCHNITT 3: Die 1.–18. R des Grundmusters arb.

ABSCHNITT 4: Die 1.–18. R des Grundmusters arb.

ABSCHNITT 5: Die 1.–18. R des Grundmusters häkeln, jedoch in der 10. und 16. R statt der 30 Lm jeweils 50 Lm arb und am Beginn der 11. und 17. R entsprechend jeweils 25 Lm arb.

ABSCHNITT 6: Die 1.–18. R des Grundmusters arb.

Nach Abschnitt 6 die 1.–3. R des Grundmusters arb, die 4.–7. R auslassen, dann die 8. und 9. R arb.

Faden nicht abschneiden, sondern die Randborte häkeln wie folgt:

ERSTE RANDBORTE

1. REIHE: 1 Lm, je 1 fM in die 1. fM und in jede folg fM bis R-Ende; wenden (= 93 fM).

2. REIHE: 1 Lm, 1 fM in die 1. fM, 3 Lm, die nächste fM übergehen, 1 fM in die nächste fM, 10 Lm, die nächsten 6 fM übergehen, 1 fM in die nächste fM, * 2 x [3 Lm, die nächste fM übergehen, 1 fM in die nächste fM], 10 Lm, die nächsten 5 fM übergehen, 1 fM in die nächste fM; ab * noch 6 x wdh, 2 x [3 Lm, 1 fM übergehen, 1 fM in die nächste fM], 10 Lm, die nächsten 6 fM übergehen, 1 fM in die nächste fM, 3 Lm, die nächste fM übergehen, 1 fM in die letzte fM; wenden (= 9 Lm-Bogen à 10 Lm).

3. REIHE: 3 Lm, 1 fM in den nächsten 3-Lm-Bogen, * 5 Lm, 1 fM in den nächsten 10-Lm-Bogen, jeweils [5 Lm, 1 fM] in die nächsten beiden 3-Lm-Bogen; ab * noch 7 x wdh, 5 Lm, 1 fM in den nächsten 10-Lm-Bogen, 5 Lm, 1 fM in den nächsten 3-Lm-Bogen, 1 Lm, 1 hStb in die letzte fM; wenden.

4. REIHE: 1 Lm, 1 fM in den nächsten 1-Lm-Bogen, * 6 Lm, den nächsten 5-Lm-Bogen übergehen, {3 x [1 Km, 3 Lm], 1 Km} in die nächste fM, 6 Lm, 1 fM in den nächsten 3-Lm-Bogen; ab * fortlfd wdh bis R-Ende. Faden abschneiden und sichern.

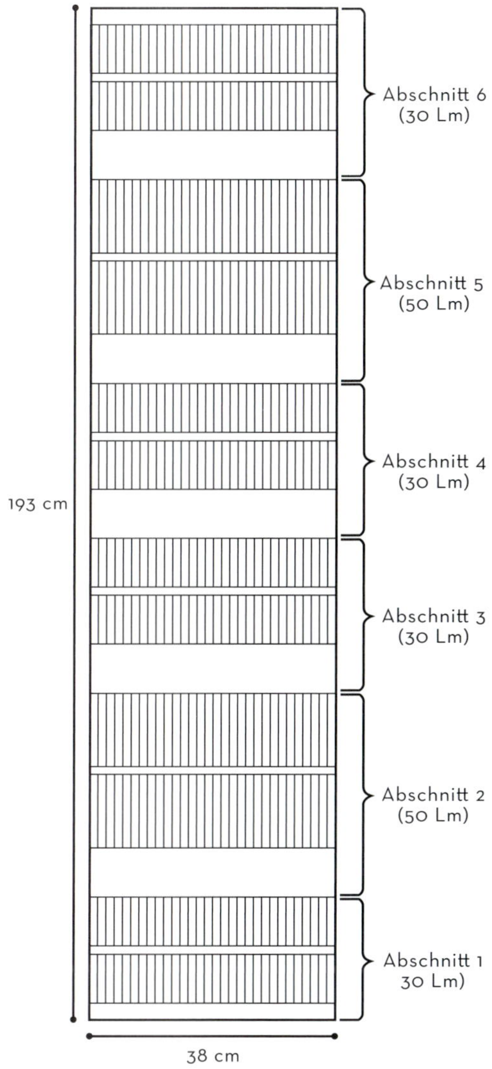

Abschnitt 6
(30 Lm)

Abschnitt 5
(50 Lm)

Abschnitt 4
(30 Lm)

Abschnitt 3
(30 Lm)

Abschnitt 2
(50 Lm)

Abschnitt 1
30 Lm)

193 cm

38 cm

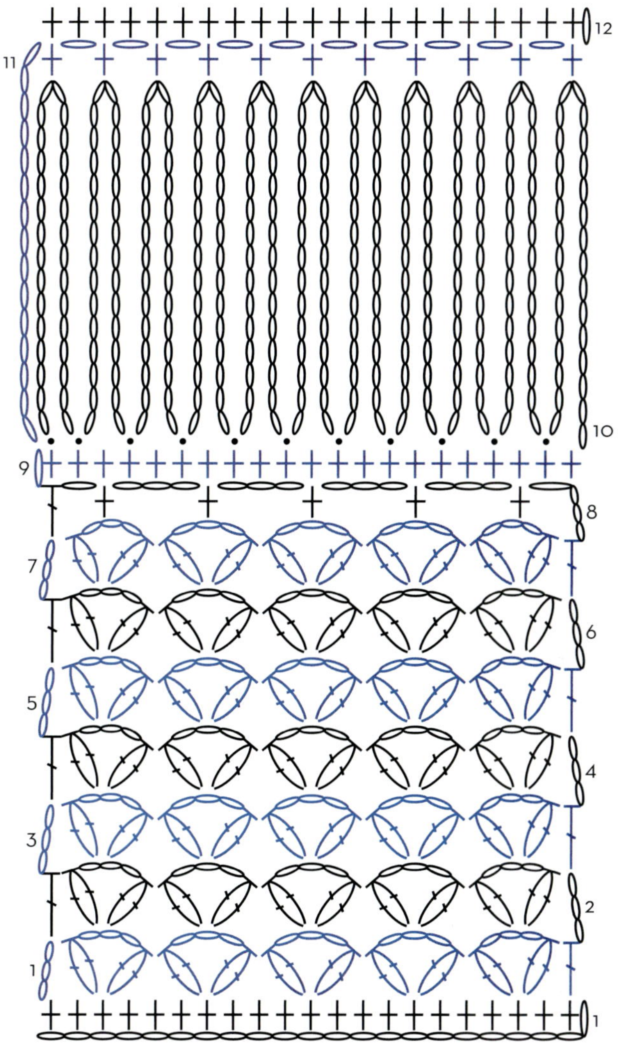

Häkelschrift für das Grundmuster

Zeichenerklärung

- = 1 Luftmasche (Lm)
- = 1 Kettmasche (Km)
- = 1 feste Masche (fM)
- = 1 halbes Stäbchen (hStb)
- = 1 Stäbchen (Stb)
- = 1 Büschelmasche aus 2 Stäbchen (Bm2)

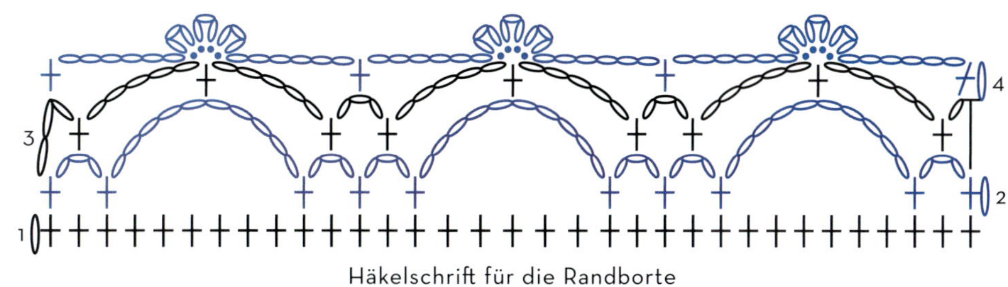

Häkelschrift für die Randborte

Die Häkelschriften zeigen nur einen Teil der M; die übrigen M sinngemäß ergänzen.

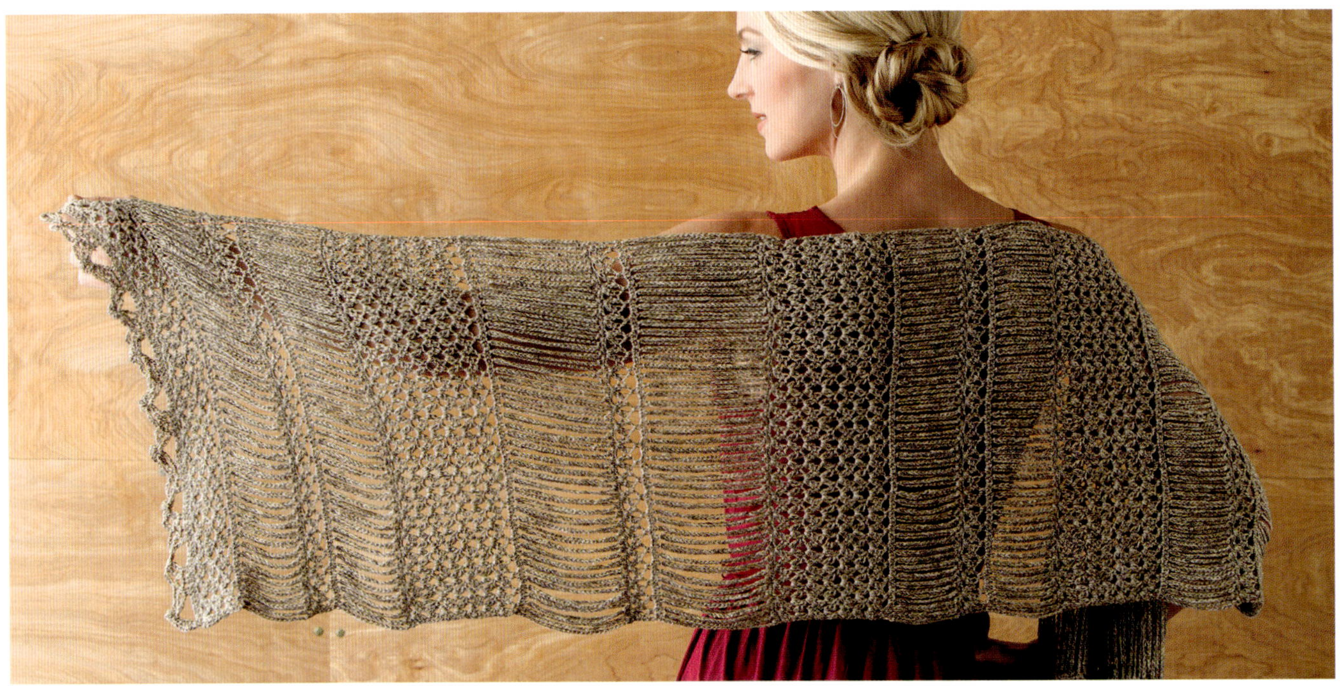

ZWEITE RANDBORTE

1. REIHE: Von der linken Seite der Arbeit die freie Seite der Anschlagkette behäkeln. Den Faden an der 1. Lm anschlingen, 1 Lm, 1 fM in die 1. Lm, 1 fM in jede folg Lm bis R-Ende; wenden (= 93 fM).

Die 2. und 3. R arb, wie bei der 1. Randborte beschrieben.

FERTIGSTELLUNG

Fadenenden vernähen. Stola spannen, anfeuchten und trocknen lassen.

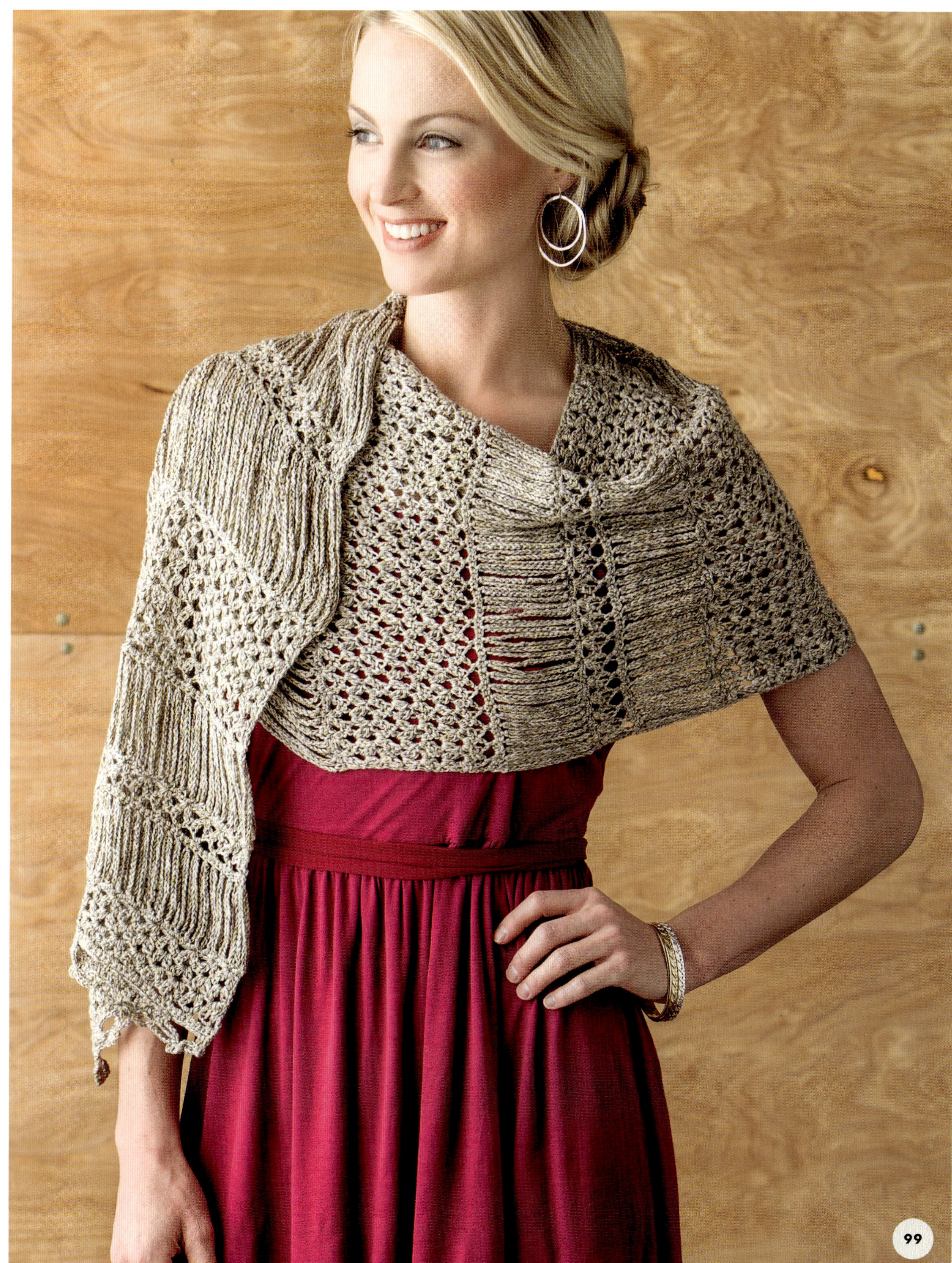

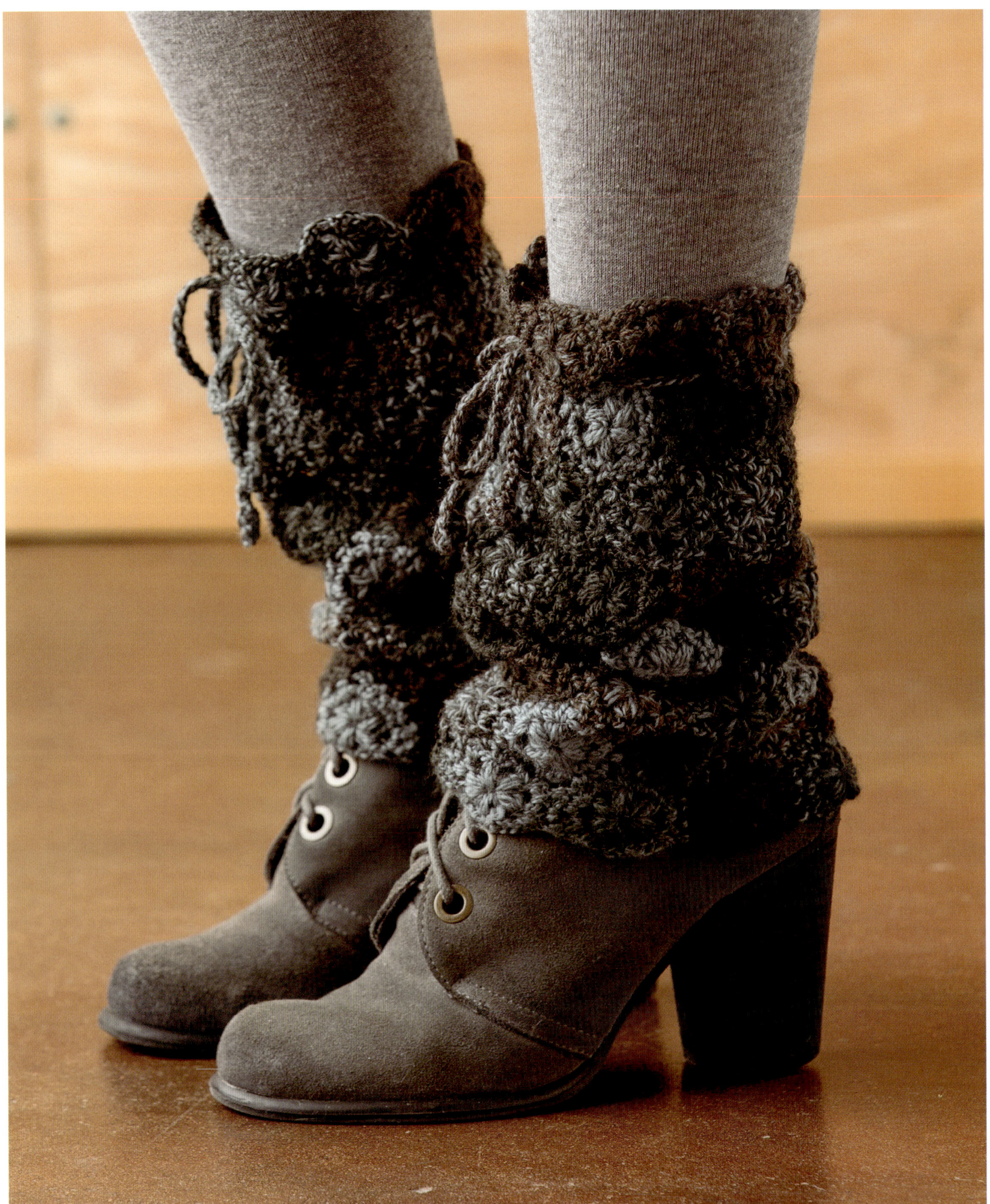

STRAND *blumen*

Ich liebe es, Häkelmotive mit selbstmusterndem Garn zu arbeiten. Das Garn kommt ganz anders zur Geltung als beim Stricken oder beim Häkeln in hin- und hergehenden Reihen. Aus Garn mit »eingebautem Streifenmuster« gehäkelt, wirken diese Blüten wie Freeform-Motive. Diese in ihrer Farbgebung an einen Kieselstrand erinnernden Beinstulpen entstehen, indem man einfache Blütenmotive während des Häkelns so miteinander verbindet, dass am Ende nichts mehr zusammengenäht werden muss.

GRÖSSE
Umfang 33 cm, Höhe 28 cm

MATERIAL & ZUBEHÖR

Garn

Schoppel Wolle Zauberball Stärke 6 (75 % Superwash-Wolle, 25 % Polyamid; LL 400 m/150 g) in Wurzelsepp (Fb 2137), 150 g

Häkelnadel

3,5–4 mm

Wählen Sie gegebenenfalls eine dickere oder dünnere Häkelnadel, um die angegebene Maschenprobe zu erzielen.

Zubehör

Wollnadel oder Sticknadel ohne Spitze

MASCHENPROBE
1 Blütenmotiv = Ø 4,5 cm

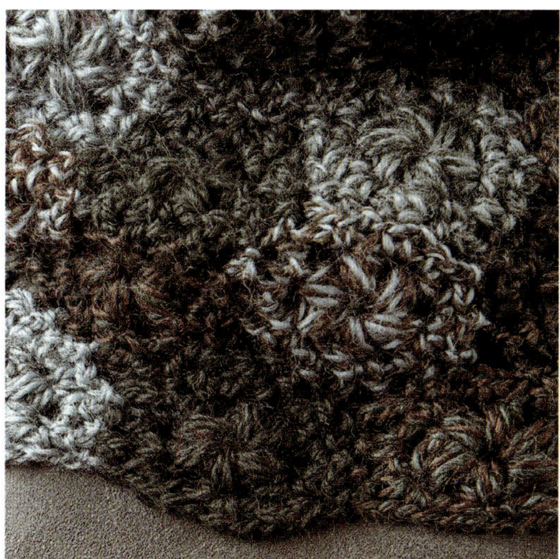

Hinweis

Die Blütenmotive für die Beinstulpen werden während des Häkelns miteinander verbunden.

Maschen & Muster

BÜSCHELMASCHE (BM)

1 U, die Häkelnd in die nächste M einstechen, den Faden holen und durch die M ziehen, 2 x [1 U, die Häkelnd in dieselbe M einstechen, den Faden holen und durch die M ziehen], Faden erneut holen und durch alle 7 Schlingen auf der Häkelnd ziehen, die Bm mit 1 Lm abschließen.

BLÜTENMOTIV

ANFANGSRING: 4 Lm anschl und mit 1 Km in die 1. Lm zum Ring schließen.

1. RUNDE: 2 Lm, 6 x [1 Bm, 3 Lm] in den Ring, die Rd mit 1 Km in die 1. Bm schließen.

2. RUNDE: 1 Lm, 1 fM in die 1. Bm, * 3 Lm, 1 fM in den nächsten 3-Lm-Bogen, 3 Lm **, 1 fM in die nächste Bm; ab * fortlfd wdh bis Rd-Ende, den letzten Rapport bei ** beenden, die Rd mit 1 Km in die 1. fM schließen. Den Faden abschneiden und sichern.

Anleitung

Für jede Beinstulpe 64 Blütenmotive (siehe »Maschen & Muster«) arb und währenddes Häkelns der 2. Rd miteinander verbinden wie unten beschrieben (siehe auch Anordnungsskizze und Häkelschrift auf Seite 103).

MOTIVE WÄHREND DES HÄKELNS VERBINDEN

Mit 1 vollständigen Motiv beginnen, dann nach und nach weitere Motive im Verlauf der 2. Rd mit dem 1. Motiv und untereinander verbinden. 2 oder 3 aufeinanderfolgende 3-Lm-Bogen des fertigen Motivs anhäkeln, dazu statt eines 3-Lm-Bogens in der 2. Rd [1 Lm, 1 Km in den 3-Lm-Bogen des fertigen Motivs, 1 Lm] anstelle von 3 Lm arb.

Hinweis: *Die Motive werden verbunden, wie in den Grafiken auf der rechten Seite dargestellt. Die Grafiken zeigen die Häkelarbeit flach, die Beinstulpe ist jedoch in Wirklichkeit schlauchförmig. Die 8 Motive an der Oberkante rund ums Knie sowie an der Unterkante rund um die Knöchel werden an jeweils drei 3-Lm-Bogen zu beiden Seiten jedes Motivs zusammengehäkelt. Alle anderen Motive werden auf jeder Seite an zwei 3-Lm-Bogen verbunden. (Die Zahlen in der Anordnungsgrafik geben an, wie viele 3-Lm-Bogen an der jeweiligen Seite jedes Motivs verbunden werden.)*

KORDEL
(2 x arb)

3 Lm, 3 Stb in die 3. Lm von der Häkelnd aus, 2 Lm, 1 Km in dieselbe Lm wie die 3 Stb, 150 Lm, dann 3 Lm, 3 Stb in die 3. Lm von der Häkelnd aus, 2 Lm, 1 Km in dieselbe Lm wie die 3 Stb, je 1 Km in die nächste Lm und in jede folg Lm bis zu der Lm am Beginn der Kordel, die mit den 3 Stb behäkelt wurde. Den Faden abschneiden und sichern.

KORDELN EINZIEHEN

Bei jeder Beinstulpe eine Kordel durch die Öffnungen zwischen den Motiven zwischen der obersten und der zweitobersten Motiv-R ziehen. Die Enden der Kordel anziehen, um die Weite der Stulpe dem Bein anzupassen, und zur Schleife binden.

FERTIGSTELLUNG

Alle Fadenenden vernähen.

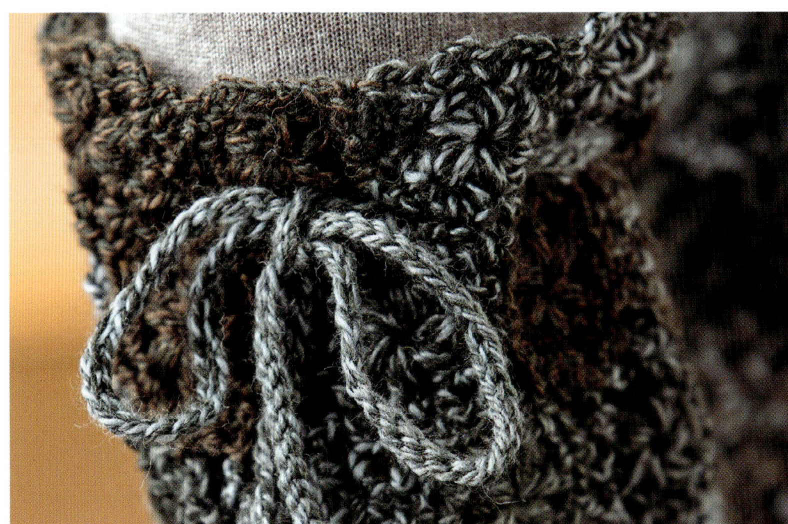

Zeichenerklärung

= 1 Luftmasche (Lm)
= 1 Kettmasche (Km
= 1 feste Masche (fM)
= 1 Büschelmasche (Bm)

Erstes
Blütenmotiv

Oberkante der Beinstulpe

Diese Kante mit der anderen Seitenkante verbinden, sodass ein Schlauch entsteht

Anordnungsskizze

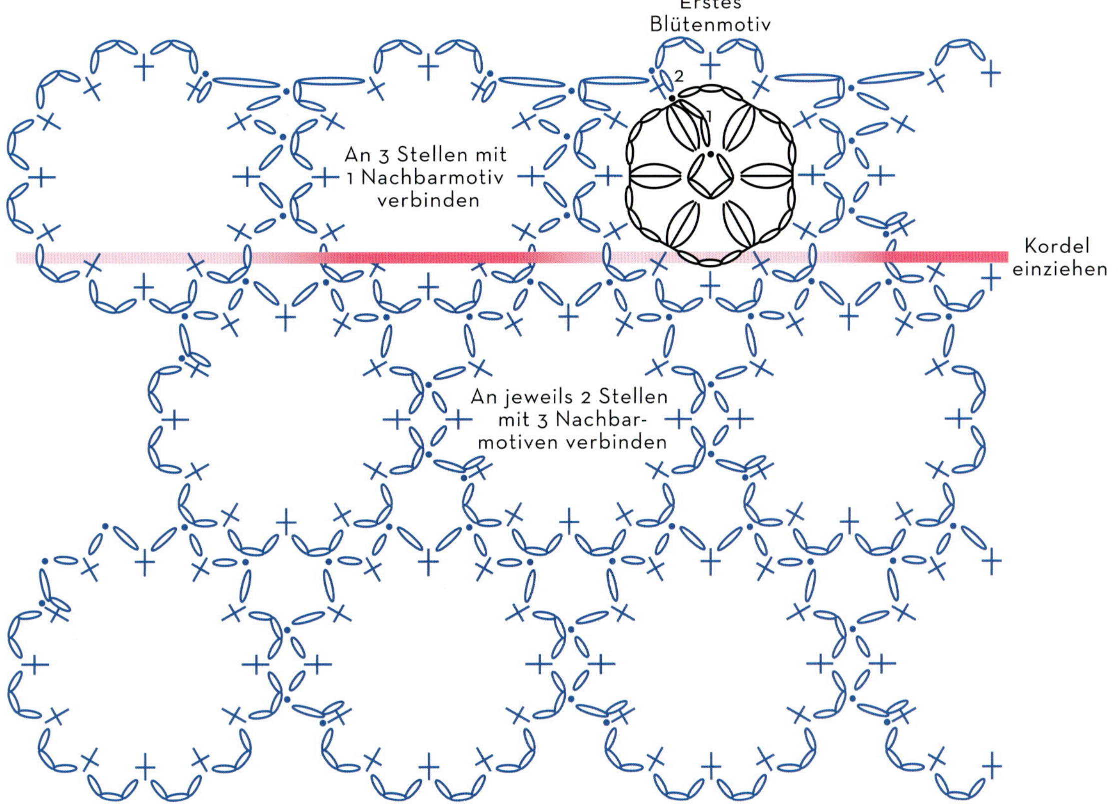

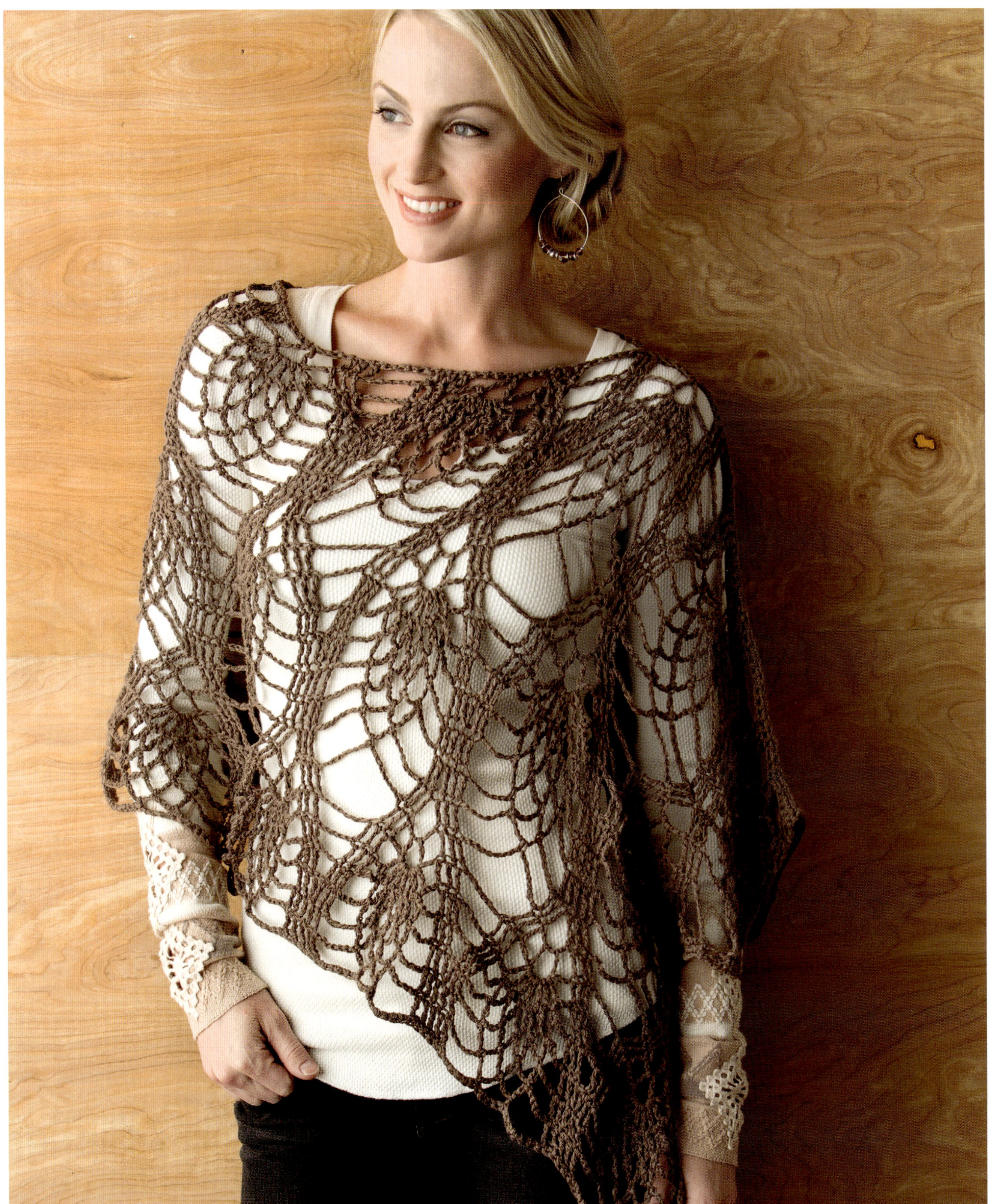

SCHILD*kröte*

Dieses Spitzenmodell (ein Poncho, für den ich mich von dem schützenden Panzer einer Meeresschildkröte inspirieren ließ) ist etwas ganz Besonderes, das sich – so – nur in der Häkeltechnik gestalten lässt. Es eignet sich für viele Jahreszeiten, deshalb sollten Sie es aus vielen verschiedenen Garnen anfertigen. Der Poncho entsteht aus einem gehäkelten Rechteck. Die Kante des Ärmels bekommt durch ein Ananasmuster ihre Bogenform.

GRÖSSE

Umfang ca. 150 cm,
Länge 56 cm

MATERIAL & ZUBEHÖR

Garn

Schulana Kilino (53 % Leinen, 47 % Baumwolle; LL 115 m/50 g) in Cocoa (Fb 34), 250 g

Häkelnadel

5,0 mm

Wählen Sie gegebenenfalls eine dickere oder dünnere Häkelnadel, um die angegebene Maschenprobe zu erzielen.

Zubehör

Wollnadel oder Sticknadel ohne Spitze

MASCHENPROBE

13 M im Grundmuster = 11,5 cm breit (nach dem Spannen)

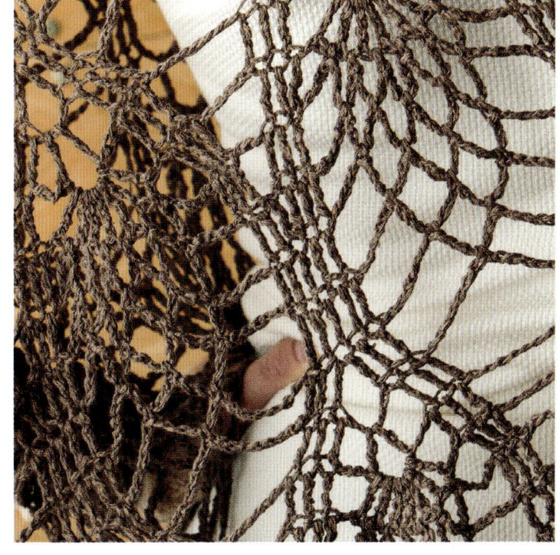

2 DOPPELSTÄBCHEN ZUSAMMEN ABMASCHEN (2 DSTB ZUS ABM)

2 U, Häkelnd in nächste M einstechen, Faden holen und durch die M ziehen, 2 x [Faden holen und durch 2 Schlingen auf der Häkelnd ziehen], nächsten 1-Lm-Bogen übergeh, 2 U, Häkelnd in die nächste M einstechen, Faden holen und durch die M ziehen, 2 x [Faden holen und durch 2 Schlingen auf der Häkelnd ziehen], Faden erneut holen und durch die verbleibenden 3 Schlingen auf der Häkelnd ziehen.

GRUNDMUSTER *(M-Zahl teilbar durch 18 + 13 M)*

1. GRUNDREIHE: 1 Lm, je 1 fM in die 2 Lm von der Häkelnd aus und in jede folg Lm bis R-Ende; wenden.

2. GRUNDREIHE: 4 Lm (hier und im Folg als Ersatz für 1 DStb), 1. fM übergehen, je 1 DStb in die nächsten 2 fM, * die nächsten 3 fM übergehen, [3 Lm, 1 DStb, 3 Lm, 1 DStb, 3 Lm] in die nächste fM, die nächsten 3 fM übergehen, je 1 DStb in die nächsten 3 fM **, 5 Lm, die nächsten 5 fM übergehen, je 1 DStb in die nächsten 3 fM; ab * fortlfd wdh, letzten Rapport bei ** beenden; wenden.

1. REIHE: 4 Lm, 1. DStb übergehen, je 1 DStb in die nächsten 2 DStb, * nächsten 3-Lm-Bogen übergehen, 7 x [1 Lm, 1 DStb] in nächsten 3-Lm-Bogen, 1 Lm, den nächsten 3-Lm-Bogen übergehen, je 1 DStb in die nächsten 3 DStb **, 5 Lm, je 1 DStb in die nächsten 3 DStb; ab * fortlfd wdh, den letzten Rapport bei ** beenden; wenden.

2. REIHE: 4 Lm, das 1. DStb übergehen, je 1 DStb in die nächsten 2 DStb, * 5 Lm, den nächsten 1-Lm-Bogen übergehen, 1 fM in den nächsten 1-Lm-Bogen, jeweils [6 Lm, 1 fM] in die nächsten fünf 1-Lm-Bogen, 5 Lm, den nächsten 1-Lm-Bogen übergehen, je 1 DStb in die nächsten 3 DStb **, 3 Lm, je 1 DStb in die nächsten 3 DStb; ab * fortlfd wdh, den letzten Rapport bei ** beenden; wenden.

3. REIHE: 4 Lm, das 1. DStb übergehen, je 1 DStb in die nächsten 2 DStb, * 5 Lm, den nächsten 5-Lm-Bogen übergehen, 1 fM in den nächsten 6-Lm-Bogen, jeweils [6 Lm, 1 fM] in die nächsten vier 6-Lm- Bogen, 5 Lm, den nächsten 5-Lm-Bogen übergehen, je 1 DStb in die nächsten 3 DStb **, 1 Lm, den nächsten 5-Lm-Bogen übergehen, je 1 DStb in die nächsten 3 DStb; ab * fortlfd wdh, den letzten Rapport bei ** beenden; wenden.

4. REIHE: 4 Lm, das 1. DStb übergehen, je 1 DStb in die nächsten 2 DStb, * 5 Lm, den nächsten 5-Lm-Bogen übergehen, 1 fM in den nächsten 6-Lm-Bogen, jeweils [6 Lm, 1 fM] in die nächsten drei 6-Lm-Bogen, 5 Lm, den nächsten 5-Lm-Bogen übergehen, je 1 DStb in die nächsten 2 DStb **, über den nächsten 2 DStb 2 DStb zus abm (dabei den 1-Lm-Bogen dazwischen übergehen), je 1 DStb in die nächsten 2 DStb; ab * fortlfd wdh, den letzten Rapport bei ** beenden, 1 DStb ins letzte DStb; wenden.

5. REIHE: 4 Lm, das 1. DStb übergehen, je 1 DStb in die nächsten 2 DStb, * 6 Lm, nächsten 5-Lm-Bogen übergehen, 1 fM in den nächsten 6-Lm-Bogen, jeweils [6 Lm, 1 fM] in die nächsten beiden 6-Lm-Bogen, 6 Lm, den nächsten 5-Lm-Bogen übergehen, je 1 DStb in die nächsten 2 DStb **, 1 DStb ins Abmaschglied der 2 zus abgem DStb, je 1 DStb in die nächsten 2 DStb; ab * fortlfd wdh, den letzten Rapport bei ** beenden, 1 DStb ins letzte DStb; wenden.

6. REIHE: 4 Lm, das 1. DStb übergehen, je 1 DStb in die nächsten 2 DStb, * 7 Lm, den nächsten 6-Lm-Bogen übergehen, 1 fM in den nächsten 6-Lm-Bogen, 6 Lm, 1 fM in den nächsten 6-Lm-Bogen, 7 Lm, 6-Lm-Bogen übergehen **, je 1 DStb in die nächsten 5 DStb; ab * fortlfd wdh, den letzten Rapport bei ** beenden, je 1 DStb in die letzten 3 DStb; wenden.

7. REIHE: 4 Lm, 1. DStb übergehen, je 1 DStb in die nächsten 2 DStb, * 8 Lm, den nächsten 7-Lm-Bogen übergehen, 1 fM in den 6-Lm-Bogen, 8 Lm, den nächsten 7-Lm-Bogen übergehen, je 1 DStb in die nächsten 2 DStb **, [1 DStb, 5 Lm, 1 DStb] ins nächste DStb, je 1 DStb in die nächsten 2 DStb; ab * fortlfd wdh, den letzten Rapport bei ** beenden, 1 DStb ins letzte DStb; wenden.

8. REIHE: 4 Lm, 2. DStb übergehen, je 1 DStb in nächste 2 DStb, * 7 Lm, die nächsten beiden 8-Lm-Bogen übergehen, je 1 DStb in die nächsten 3 DStb **, 3 Lm, [1 DStb, 3 Lm, 1 DStb] in den nächsten 5-Lm-Bogen, 3 Lm, je 1 DStb in die nächsten 3 DStb; ab * fortlfd wdh, den letzten Rapport bei ** beenden; wenden.

9. REIHE: 4 Lm, das 1. DStb übergehen, je 1 DStb in die nächsten 2 DStb, * 5 Lm, den nächsten 7-Lm-Bogen übergehen, je 1 DStb in die nächsten 3 DStb **, den nächsten 3-Lm-Bogen übergehen, 7 x [1 Lm, 1 DStb] in den nächsten 3-Lm-Bogen, 1 Lm, den nächsten 3-Lm-Bogen übergehen, je 1 DStb in die nächsten 3 DStb; ab * fortlfd wdh, den letzten Rapport bei ** beenden.

10. REIHE: 4 Lm, 1. DStb übergehen, je 1 DStb in nächste 2 DStb, * 3 Lm, nächsten 5-Lm-Bogen übergehen, je 1 DStb in nächste 3 DStb **, 5 Lm, nächsten 1-Lm-Bogen übergehen, 1 fM in nächsten 1-Lm-Bogen, jeweils [6 Lm, 1 fM] in die nächsten fünf 6-Lm-Bogen, 5 Lm, nächsten 1-Lm-Bogen übergehen, je 1 DStb in nächste 3 DStb; ab * fortlfd wdh, letzten Rapport bei ** beenden; wenden.

11. REIHE: 4 Lm, das 1. DStb übergehen, je 1 DStb in die nächsten 2 DStb, * 1 Lm, den nächsten 3-Lm-Bogen übergehen, je 1 DStb in die nächsten 3 DStb **, 5 Lm, den nächsten 5-Lm-Bogen übergehen, 1 fM in den nächsten 6-Lm-Bogen, jeweils [6 Lm, 1 fM] in die nächsten vier 6-Lm-Bogen, 5 Lm, den nächsten 5-Lm-Bogen übergehen, je 1 DStb in die nächsten 3 DStb; ab * fortlfd wdh, den letzten Rapport bei ** beenden; wenden.

12. REIHE: 4 Lm, 1. DStb übergehen, 1 DStb ins nächste DStb, * über den nächsten 2 DStb 2 DStb zus abm (dabei den 1-Lm-Bogen dazwischen übergehen), je 1 DStb in die nächsten 2 DStb **, 5 Lm, nächsten 5-Lm-Bogen übergehen, 1 fM in den nächsten 6-Lm-Bogen, jeweils [6 Lm, 1 fM] in die nächsten drei 6-Lm-Bogen, 5 Lm, den 5-Lm-Bogen übergehen, je 1 DStb in die nächsten 2 DStb; ab * fortlfd wdh, den letzten Rapport bei ** beenden; wenden.

13. REIHE: 4 Lm, 1. DStb übergehen, 1 DStb ins nächste DStb, * 1 DStb ins Abmaschglied der 2 zus abgem DStb, je 1 DStb in die nächsten 2 DStb **, 6 Lm, nächsten 5-Lm-Bogen übergehen, 1 fM in nächsten 6-Lm-Bogen, jeweils [6 Lm, 1 fM] in nächsten beiden 6-Lm-Bogen, 6 Lm, 1 fM in dennächsten 5-Lm- Bogen, je 1 DStb in nächste 2 DStb; ab * fortlfd wdh, letzten Rapport bei ** beenden; wenden.

14. REIHE: 4 Lm, das 1. DStb übergehen, je 1 DStb in die nächsten 4 DStb, * 7 Lm, den nächsten 6-Lm-Bogen übergehen, 1 fM in den nächsten 6-Lm-Bogen, 6 Lm, 1 fM in den nächsten 6-Lm-Bogen, 7 Lm, den nächsten 6-Lm-Bogen übergehen, je 1 DStb in die nächsten 5 DStb; ab * fortlfd wdh; wenden.

15. REIHE: 4 Lm, 1. DStb übergehen, 1 DStb ins nächste DStb, * [1 DStb , 5 Lm, 1 DStb] ins nächste DStb, je 1 DStb in die nächsten 2 DStb **, 8 Lm, nächsten 7-Lm-Bogen übergehen, 1 fM in nächsten 6-Lm- Bogen, 8 Lm, en nächsten 7-Lm-Bogen, je 1 DSrtb in nächste 2 DStb; ab * fortlfd wdh, letzten Rapport bei ** beenden; wenden.

16. REIHE: 4 Lm, 1. DStb übergehen, je 1 DStb in nächste 2 DStb, * 3 Lm, [1 DStb, 3 Lm, 1 DStb] in den nächsten 5-Lm-Bogen, 3 Lm, je 1 DStb in die nächsten 3 DStb **, 7 Lm, die nächsten beiden 8-Lm-Bogen übergehen, je 1 DStb in die nächsten 3 DStb; ab * fortlfd wdh, den letzten Rapport bei ** beenden; wenden.

1.–16. R stets wdh.

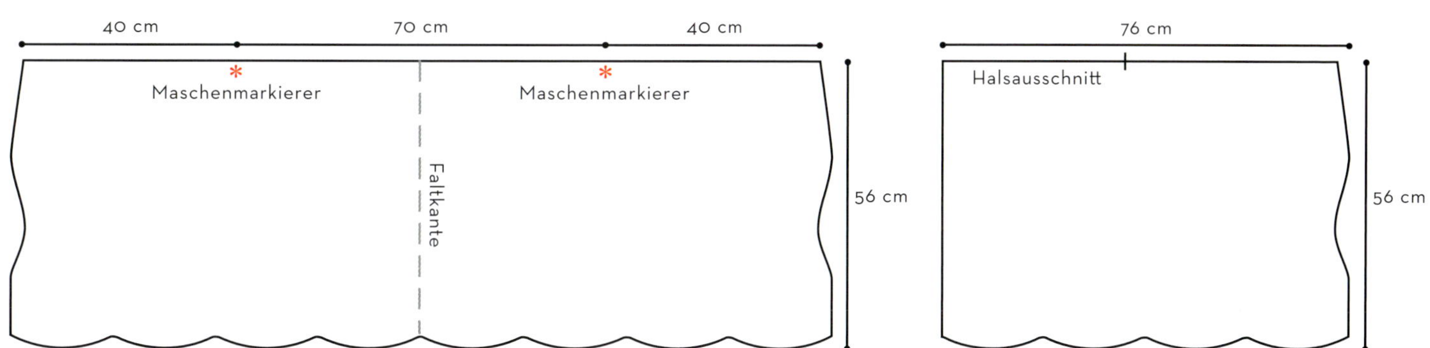

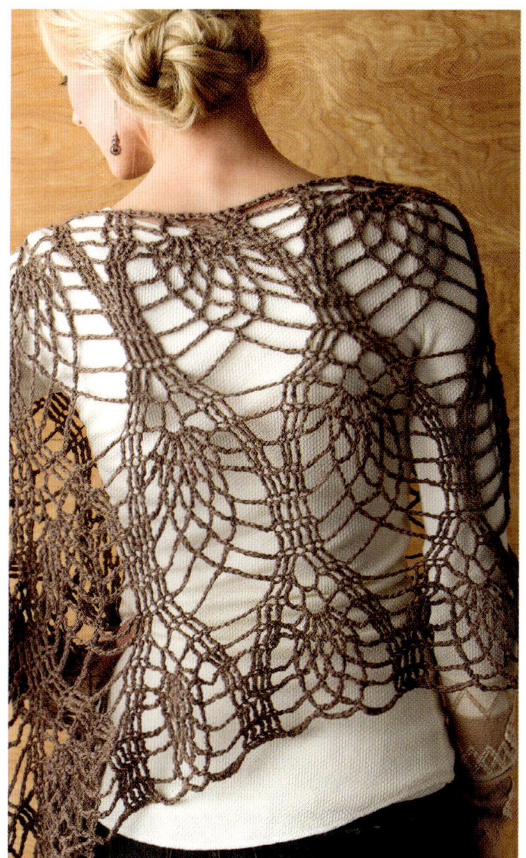

Anleitung

175 Lm anschl. (Für einen weiteren oder engeren Poncho eine durch 18 teilbare M-Zahl zusätzlich anschl bzw. abziehen.)

Im Grundmuster häkeln (siehe »Maschen & Muster«, Seite 106). Die 1. und die 2. Grund-R und die 1.–16. Muster-R häkeln, dann die 1.–6. R wdh.

23. REIHE: 1 Lm, das 1. DStb übergehen, je 1 fM in die nächsten 2 DStb, * 6 fM in den nächsten 7-Lm-Bogen, die nächste fM übergehen, 5 fM in den nächsten 6-Lm-Bogen, die nächste fM übergehen, 6 fM in den nächsten 7-Lm-Bogen **, je 1 fM in die nächsten 5 DStb; ab * fortlfd wdh, den letzten Rapport bei ** beenden, je 1 fM in die letzten 3 fM. Den Faden abschneiden und sichern.

FERTIGSTELLUNG

Die Häkelarbeit den angegebenen Maßen entsprechend spannen (siehe Abb. 1), anfeuchten und trocknen lassen. Je 1 MM 40 cm vom Anfang bzw. vom Ende der Anschlagkette entfernt einhängen. Das Häkelrechteck quer mittig zusammenlegen und an der Oberkante von der offenen Außenkante bis zu den MM zusammennähen (siehe Abb. 2). Die restliche Oberkante bleibt als Halsausschnitt offen.

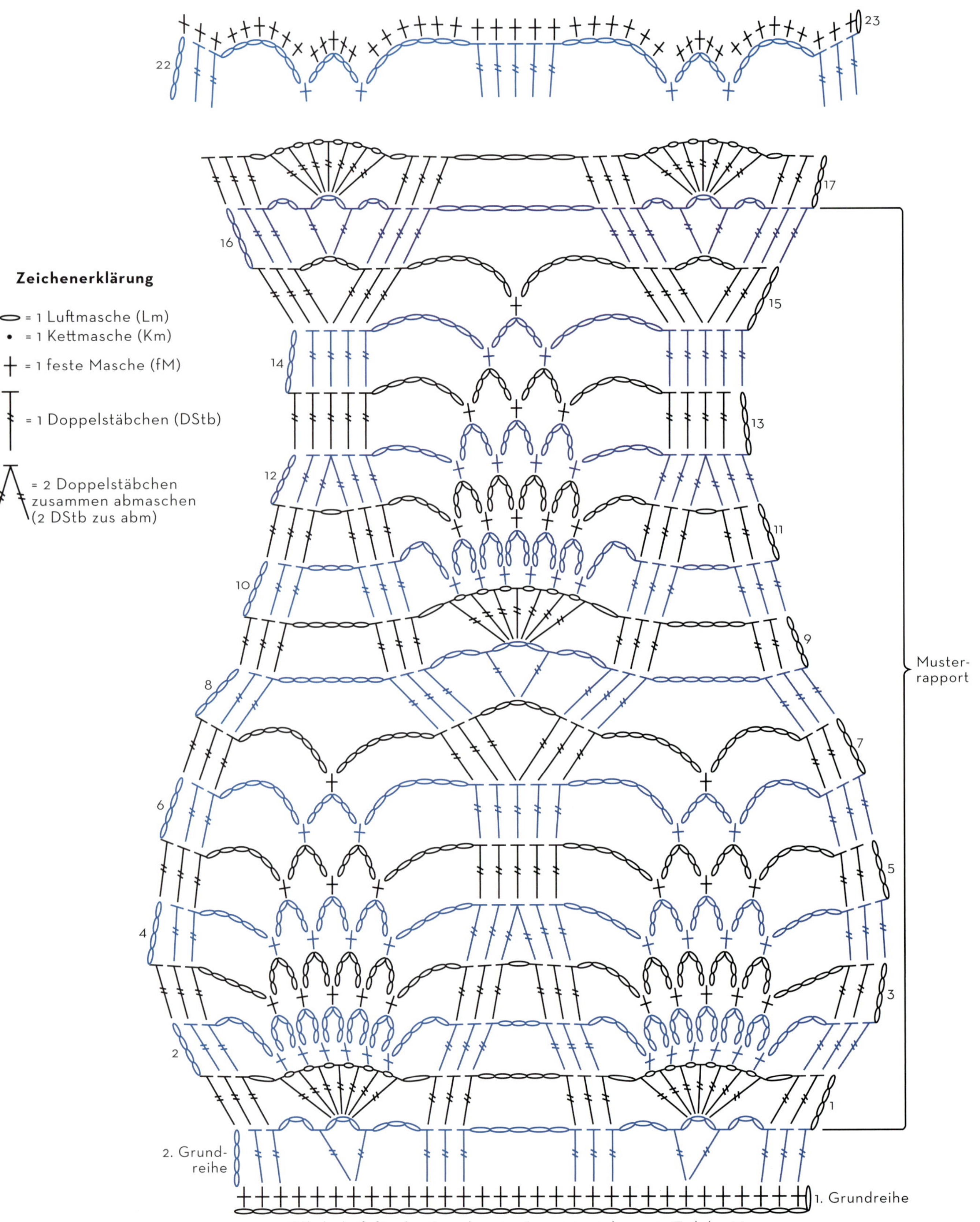

Häkelschrift für das Grundmuster (gezeigt wird nur ein Teil der M; übrige M sinngemäß ergänzen)

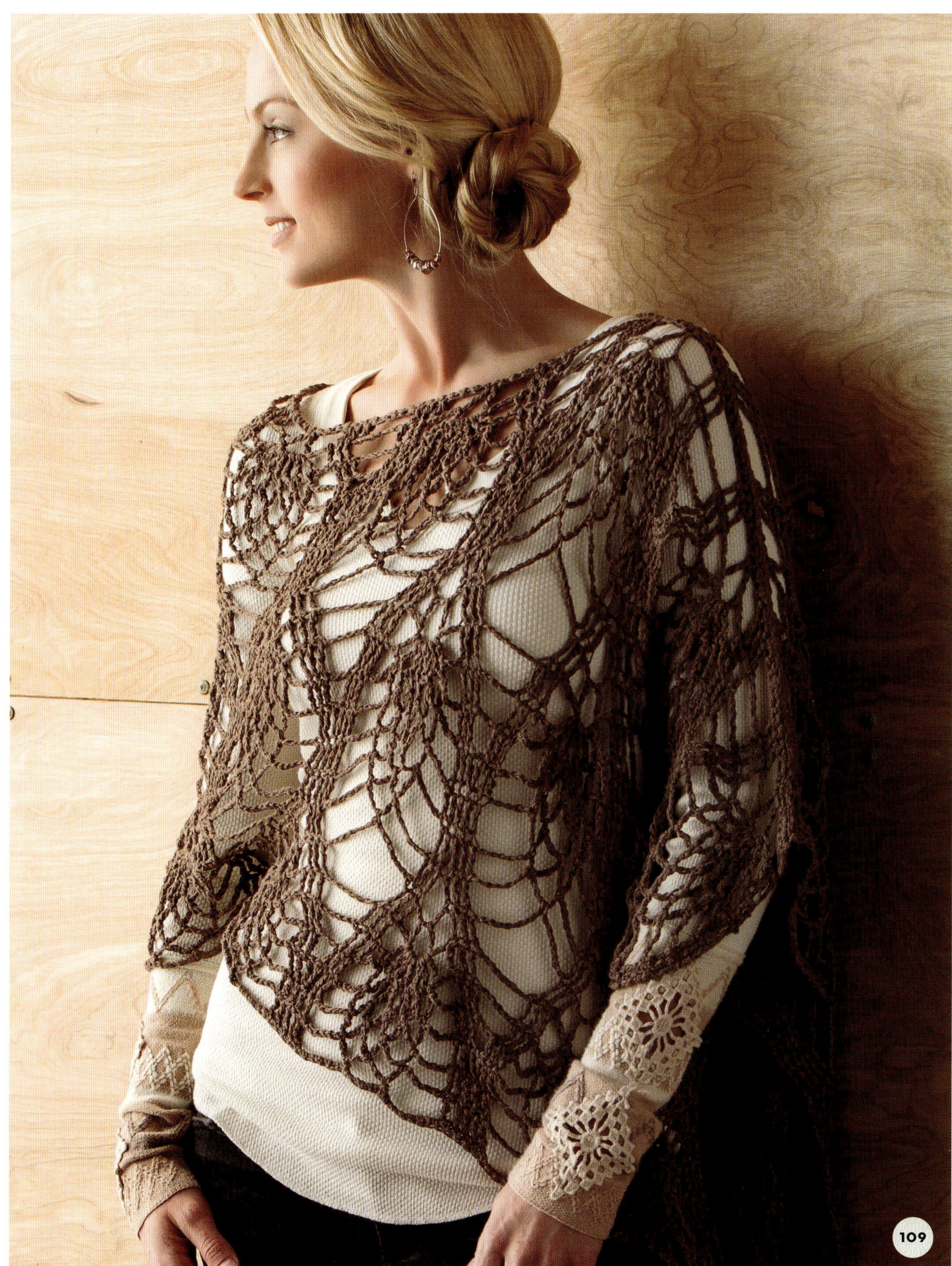

Zeichenerklärung

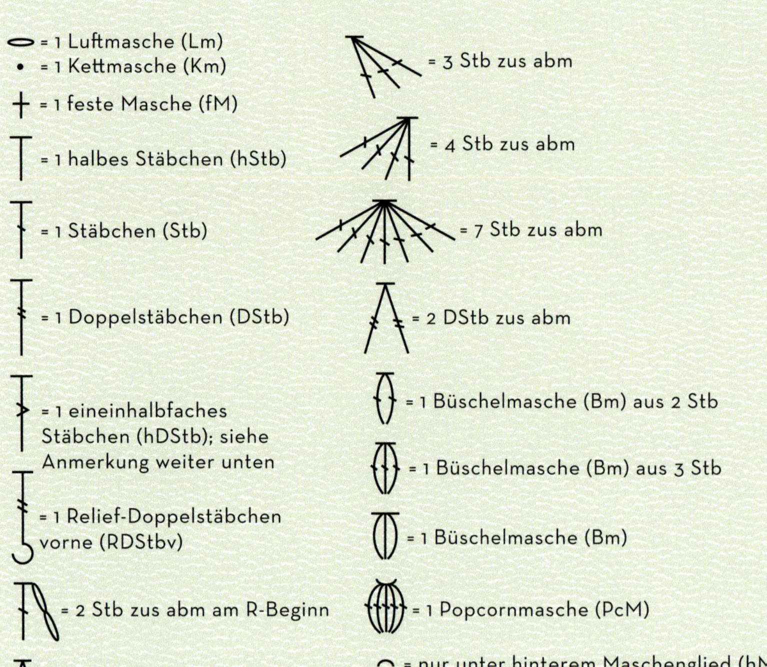

Hinweis zur Zeichenerklärung

Das eineinhalbfache Stäbchen (hDStb) liegt in der Höhe zwischen dem Stäbchen und dem Doppelstäbchen. Wo ein Stäbchen zu niedrig und ein Doppelstäbchen zu hoch wäre, nimmt man das eineinhalbfache Stäbchen. Gehäkelt wird es so: 2 Umschläge auf die Häkelnadel nehmen. Die Nadel in die nächste Masche einstechen, den Faden holen und durchziehen (= 4 Schlingen auf der Häkelnadel). Den Faden holen und durch 2 Schlingen auf der Häkelnadel ziehen (= 3 Schlingen auf der Häkelnadel). Den Faden holen und durch die verbleibenden 3 Schlingen auf der Häkelnadel ziehen (= 1 Arbeitsschlinge auf der Häkelnadel).

Bezugsquellen

Cascade Yarns
www.cascadeyarns.com

James C. Brett
www.jamescbrett.co.uk

Rowan
www.knitrowan.com
www.makeitcoats.com/de-de/produkte/unsere-marken/rowan-garne

Schachenmayr
www.schachenmayr.de

Schoppel Wolle
www.schoppel-wolle.de

Schulana
www.schulana.ch

Skacel Yarns
www.skacelknitting.com

Universal Yarn
www.universalyarn.com

Abkürzungen

abgem	abgemascht(e)
abm	abmaschen
Abn	Abnahme(n)
abn	abnehmen
anschl	anschlagen
arb	arbeiten
Bm	Büschelmasche(n)
cm	
DStb	Doppelstäbchen
Fb	Farbe
fM	feste Masche(n)
folg/Folg	folgende(n)/Folgendes/Folgenden
fortlfd	fortlaufend
g	Gramm
Häkelnd	Häkelnadel
hDStb	eineinhalbfaches Stäbchen
Hinr	Hinreihe
hMg	hintere(s) Maschenglied(er)
hStb	halbe(s) Stäbchen
Km	Kettmasche(n)
LL	Lauflänge
Lm	Luftmasche(n)
M	Masche(n)
MA	Maschenanschlag
Mg	Maschenglied(er)
MM	Maschenmarkierer
Nd	Nadel(n)
PcM	Popcornmasche(n)
R	Reihe(n)
Randm	Randmasche(n)
Rd	Runde(n)
RDStbv	Relief-Doppelstäbchen vorne
restl	restliche(n)
Rückr	Rückreihe
Stb	Stäbchen
U	Umschlag/Umschläge
vMg	vordere(s) Maschenglied(er)
Vorr	Vorreihe
Vorrd	Vorrunde
wdh	wiederholen
weiterarb	weiterarbeiten
zun	zunehmen
zus	zusammen abgemascht(e)
zus	zusammen

Register

Die Titel der in diesem Buch vorgestellten **Modelle** sind **halbfett** gesetzt.

Ebenfalls im Stiebner Verlag erschienen:

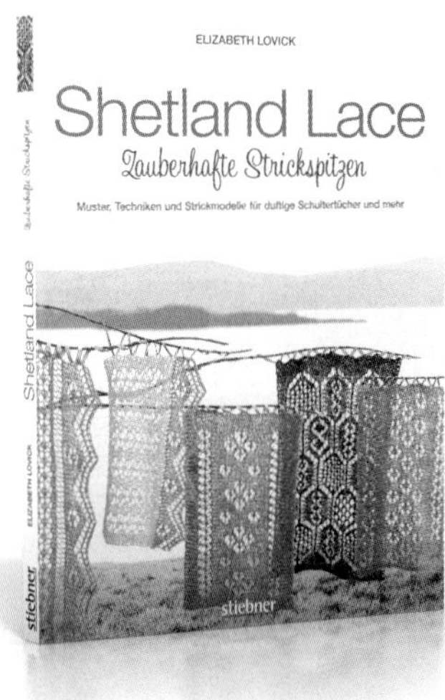

Elizabeth Lovick

Shetland Lace: Zauberhafte Strickspitzen

Muster, Techniken und Strickmodelle für duftige Schultertücher und mehr

144 Seiten
€ 19,90 [D] - € 20,50 [A]
ISBN 978-3-8307-0946-6

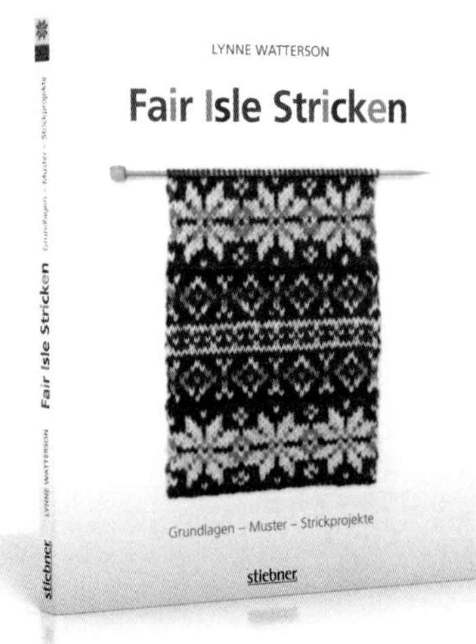

Lynne Watterson

Fair Isle Stricken

Grundlagen, Muster, Strickprojekte

144 Seiten
€ 19,90 [D] - € 20,50 [A]
ISBN 978-3-8307-0947-3

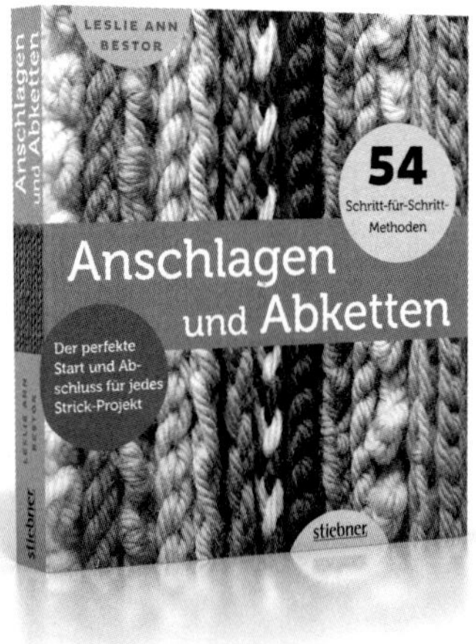

Leslie Ann Bestor

Anschlagen und Abketten

Der perfekte Start und Abschluss für jedes Strick-Projekt

216 Seiten
€ 16,90 [D] - € 17,40 [A]
ISBN 978-3-8307-0926-8

www.stiebner.com